TRAITÉ ÉLÉMENTAIRE

DE

STYLE.

L'Éditeur regardera comme contrefaçon tout exemplaire qui ne sera pas revêtu de sa signature.

Marcel Herbet.

DAX, IMPRIMERIE DE MARCEL HERBET,
Directeur-Gérant de l'*Écho de l'Adour*.

TRAITÉ ÉLÉMENTAIRE

DE

STYLE,

A L'USAGE DES ÉCOLES PRIMAIRES SUPÉRIEURES

ET DES PENSIONNATS DE DEMOISELLES,

PAR M. BÉLARD,

PROFESSEUR DE LITTÉRATURE A L'ÉCOLE
SUPÉRIEURE DE LA VILLE DE DAX.

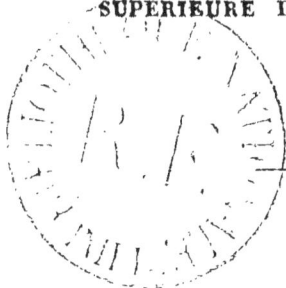

DAX,

CHEZ MARCEL HERBET,

Imprimeur-Éditeur,

RUE DU BAIN, 164.

1850.

AVERTISSEMENT.

En livrant à la publicité ce Traité Élémentaire de Style, je n'ai pas la prétention d'être plus heureux que mes devanciers dans la carrière des Lettres : une pensée de ce genre, si peu en harmonie d'ailleurs avec une position modeste, flétrirait d'avance mon œuvre. Je ne cède qu'au désir ardent d'être utile à la jeunesse, à l'instruction de laquelle je me suis voué sans réserve et pour toujours.

Quelques années d'expérience m'ont prouvé que les ouvrages littéraires des grands maîtres, travaux immortels dont la France s'honore et qui ont fait de l'Université une institution puissante, ne peuvent être placés avec succès entre les mains des élèves d'une école primaire. Presque tous, en effet, sont ou trop difficiles à comprendre, ou trop volumineux; ils supposent la connaissance des langues anciennes qu'on ne saurait attendre d'enfants qui suivent seulement un cours français. C'est donc pour faciliter les progrès de mes jeunes élèves que j'ai cru devoir réduire les préceptes de l'art d'écrire à quelques règles courtes, claires et exactes, suffisantes, selon moi, pour apprendre à s'exprimer avec clarté, élégance et précision. Puissent mes efforts ne pas être stériles! A côté du précepte, j'ai eu soin de mettre des exemples qu'un goût pur ne désapprouvera point et que ne saurait condamner la morale la plus austère.

La simplicité de cet ouvrage, sa forme d'exposition par demandes et par réponses, si appropriée à l'intelligence de la jeunesse, et surtout l'espérance d'être utile, voilà mes titres à la bienveillance des lecteurs.

TRAITÉ ÉLÉMENTAIRE

DE

STYLE.

PREMIÈRE PARTIE.

PRÉCEPTES.

CHAPITRE PREMIER.

—

De la littérature en général. — Du style.

—

SECTION PREMIÈRE.

De la littérature en général.

1. Qu'est-ce que la littérature ? — 2. Que comprend-elle ? — 3. Quelle est l'importance des Lettres ?

1. La littérature est la connaissance des chefs-d'œuvre qu'offrent les langues anciennes et modernes, et des préceptes de l'art.

2. La littérature comprend les ouvrages de poésie, d'histoire, de philosophie, d'éloquence, en un mot, toutes les productions de l'esprit humain manifestées à l'aide de la parole et de

l'écriture. Mais il convient d'en retrancher les compositions purement scientifiques.

3. Les avantages que l'homme peut retirer de la littérature prouvent suffisamment l'importance de cette étude. Les lettres, en effet, meublent richement la mémoire, épurent le goût et forment le cœur.

« Ces études développent l'esprit de la jeu-
» nesse, charment la vieillesse, embellissent la
» prospérité, fournissent au malheur des dis-
» tractions et des dédommagements; elles nous
» prodiguent des jouissances dans l'isolement et
» ne nous causent jamais d'embarras en public;
» enfin elles nous tiennent compagnie dans l'in-
» somnie, en voyage et dans la solitude de la
» vie champêtre. »   (CICÉRON.)

« Qu'il est humain, qu'il est utile, dit Mme de
» Staël, d'attacher à la littérature, à l'art de pen-
» ser, une haute importance! Le type de ce qui
» est bon et juste ne s'anéantira plus; l'homme,
» que la nature destine à la vertu, ne manquera
» plus de guide; enfin (et ce bien est infini) la
» douleur pourra toujours éprouver un attendris-
» sement salutaire. »

SECTION II.

Du style.

1. Quelle est l'origine du mot style ? — 2. Qu'est-ce que le style ? — 3. Combien le style a-t-il d'espèces de qualités.

1. Les anciens ne connaissaient ni l'usage du papier, ni celui des plumes. C'est au moyen d'une grosse aiguille qu'ils écrivaient sur des écorces d'arbres ou sur des tablettes enduites de cire. Cette aiguille, qu'ils appelaient *Style,* était pointue par un bout, et aplatie par l'autre. La pointe servait à graver, l'autre bout à effacer. De là, par un enchaînement de tropes, on a donné le nom de style à la manière dont chacun rend sa pensée par la parole.

2. Le style, dit Buffon, n'est que l'ordre et le mouvement qu'on met dans ses pensées. Le même écrivain a dit dans un autre endroit : le style est l'homme même. Bien écrire, ajoute-t-il ailleurs, c'est tout à la fois bien penser, bien sentir et bien rendre; c'est avoir en même temps de l'esprit, de l'âme et du goût.

3. Le style a deux espèces de qualités : les unes sont générales, les autres particulières.

CHAPITRE II.

—

Qualités générales du style.

On appelle qualités générales celles qui conviennent à tous les genres de style; elles en constituent l'essence et sont invariables.

Ces qualités sont : 1° la clarté; 2° la pureté; 3° la précision; 4° le naturel; 5° la noblesse; 6° la variété; 7° la convenance.

—

SECTION PREMIÈRE.

De la clarté.

1. En quoi consiste la clarté? — 2. Quel est le défaut contraire à la clarté? — 3. D'où vient l'obscurité de l'expression? — 4. D'où vient l'obscurité de la pensée?

1. La clarté, qualité fondamentale du style, consiste à s'exprimer de telle sorte que la pensée soit comprise tout de suite; il faut même que l'on ne puisse pas ne pas la comprendre.

Si le sens de vos vers tarde à se faire entendre,
Mon esprit aussitôt commence à se détendre,
Et de vos vains discours prompt à se détacher,
Ne suit point un auteur qu'il faut toujours chercher.
(BOILEAU, ART POÉT.)

2. Le défaut contraire à la clarté, c'est l'obscurité, qui a pour principe l'expression ou la pensée.

3. L'obscurité de l'expression vient de l'impropriété des termes ou de la construction vicieuse des phrases.

On pècherait contre la clarté si l'on disait :

L'orateur arrive à sa fin , qui est de persuader d'une façon toute particulière.

La place qu'occupent dans cette phrase les mots *d'une façon toute particulière* est mauvaise; car on pourrait les faire rapporter au verbe *persuader*, tandis qu'ils ne se rapportent qu'aux mots *arrive à sa fin*. La phrase sera correcte si l'on dit :

L'orateur arrive d'une façon toute particulière à sa fin, qui est de persuader.

Cette phrase : *Le consul a raconté au roi la conduite de son fils*, est également obscure, parce qu'on ne sait s'il s'agit du fils du souverain ou de celui du consul.

4. L'obscurité de la pensée vient de la confusion dans les idées, et de ce qu'on ne comprend pas bien soi-même ce que l'on veut dire.

Boileau dit :

Avant donc que d'écrire apprenez à penser :
Selon que notre idée est plus ou moins obscure,

L'expression la suit ou moins nette ou plus pure;
Ce que l'on conçoit bien s'énonce clairement,
Et les mots pour le dire arrivent aisément.

Il serait difficile, même en réfléchissant, de saisir la pensée de Racine, quand il fait dire à Mithridate qu'il n'est point de rois

Qui sur le trône assis n'enviassent peut-être
Au-dessus de leur gloire un naufrage élevé
Que Rome et quarante ans ont à peine achevé.

Car, qu'est-ce qu'*un naufrage élevé au-dessus de la gloire des rois*, puis un naufrage que *quarante ans ont à peine achevé?*

—

SECTION II.

De la pureté.

1. Qu'est-ce que la pureté? — 2. Qu'exige la correction grammaticale? — 3. Qu'est-ce que le barbarisme ? — 4. Qu'est-ce que le solécisme? — 5. En quoi consiste la propriété des termes?—6. Quels sont les défauts contraires à la pureté du style? — 7. Qu'est-ce que le purisme ? — 8. Qu'est-ce que le néologisme ?

1. La pureté, c'est l'expression correcte de la pensée par les termes les plus propres.

2. La correction grammaticale exige que l'on évite les barbarismes et les solécismes.

3. Le barbarisme est une expression étrangère à la langue que l'on parle, ou détournée de sa véritable acception.

Il y a deux sortes de barbarismes : le barbarisme de mots et le barbarisme de phrases.

1. Barbarisme de mots — Ils *réduirent*, pour réduisirent.

2. Barbarisme de phrases — *Je suis froid,* pour j'ai froid.

Un étranger écrivait à Fénélon : Monseigneur, vous avez pour moi des *boyaux* de père.

Il voulait dire entrailles.

Ces souliers sont trop *équitables*, disait un jour une anglaise à son cordonnier.

Elle voulait dire trop justes.

4. Le solécisme est une faute contre les règles de la grammaire. Ainsi l'on serait incorrect si l'on disait : *Rappelez-vous de mes conseils.* La grammaire prescrit : *Rappelez-vous mes conseils.*

Cette phrase : *Ils ont convenu de se trouver en tel lieu,* serait également défectueuse ; c'est l'auxiliaire *être* qui doit accompagner le verbe convenir, signifiant *faire une convention.*

Pour éviter le solécisme, il faudrait : *Ils sont convenus de se trouver en tel lieu.*

5. La propriété des termes consiste à rendre une pensée par l'expression qui lui convient. Il

doit donc exister entre l'idée et le mot qui la traduit une corrélation intime que l'on parviendra
à établir par la connaissance parfaite de la langue ,
par une étude approfondie du sujet que l'on traite , en déterminant nettement ses pensées.

L'écrivain se défiera aussi des termes qui paraissent avoir la même signification ; car il n'existe
pas de vrais synonymes. « Parmi toutes les différentes expressions qui peuvent rendre une seule
de nos pensées , il n'y en a qu'une , dit La Bruyère , qui soit bonne : on ne la rencontre pas toujours en parlant ou en écrivant. Il est vrai néanmoins qu'elle existe , que tout ce qui ne l'est point
est faible et ne satisfait point un homme d'esprit
qui veut se faire entendre. »

Un écrivain dit , en parlant de l'orateur sacré :
Avant de prêcher, il a soin d'*arroser* ses discours
par de ferventes prières.

Le mot *arroser* est impropre. En effet, ce
verbe donne l'idée d'humidité , de rafraîchissement ;
ferventes, au contraire, fait concevoir de l'ardeur , des feux et des flammes. Il fallait dire :
Avant de prêcher, il a soin d'échauffer ses discours
par de ferventes prières.

6. Les défauts contraires à la pureté du style
sont le purisme et le néologisme.

7. Le purisme est l'exagération de la pureté, et par conséquent, un vice.

Il ne permet d'employer que les mots et les tournures qu'autorisent les règles les plus strictes de la langue.

Racine a dit :

Je t'aimais inconstant, qu'eussé-je fait fidèle !

Jamais un puriste n'eût osé se permettre cette ellipse, qui est loin d'être conforme à la sévérité du langage. Pour rester dans l'exactitude grammaticale, Racine aurait dû dire : *Je t'aimais quoique tu fusses inconstant; qu'aurais-je fait si tu avois été fidèle ?* Mais le poète a préféré à l'observation des règles rigoureuses de la grammaire l'énergie et la vivacité que l'on admire dans ce vers.

Les meilleurs écrivains s'affranchissent quelquefois de ces scrupules de pureté, qui arrêteraient tout progrès, et ne permettraient plus au génie de prendre son essor. Souvent la légère imperfection que le puriste appelle faute n'est qu'une heureuse licence, qui rend l'expression plus vive et plus pittoresque.

J.-J. Rousseau condamne le purisme, lorsqu'il dit : « Toutes les fois qu'à l'aide d'un solécisme je pourrai me faire mieux entendre, ne pensez pas que j'hésite. »

8. Le néologisme, c'est l'innovation dans le langage (1).

Le néologiste crée des termes nouveaux, affecte de s'en servir, ou de les détourner arbitrairement de leur sens naturel, de leur acception ordinaire.

Le néologisme, dont l'excès est toujours répré-

(1) *Utiliser* pour *rendre utile, activer* pour *donner de l'activité, démoraliser* pour *altérer ou corrompre les mœurs*; voilà le néologisme de mots, et voici celui qu'on pourrait appeler néologisme d'élocution : *organiser* un tribunal, *signaler* une découverte, *s'élever à la hauteur* des principes, *être fort* de ses intentions, avoir une fortune *conséquente*, etc.

(L'ABBÉ GIRARD.)

Le néologisme de phrases n'est pas moins commun de nos jours que le néologisme de mots, et même il forme le caractère distinctif de plusieurs écrivains de notre époque. On ne peut que difficilement se faire une idée des excès en ce genre auxquels se portent certains auteurs. Telle est cette peinture d'un bon écrivain par M. Victor Hugo :

Ses idées sont faites de cette substance particulière qui se prête, *souple et molle, à toutes les ciselures* de l'expression; qui s'insinue, *bouillante et liquide,* dans *tous les recoins du moule* où l'écrivain *la verse,* et se *fige* ensuite, *lave* d'abord, *granit* après.

Ainsi la substance des idées, c'est de la cire ou quelque autre graisse moins noble, et puis cette cire ou cette graisse, d'abord *lave*, devient ensuite du *granit*! Que d'idées charmantes et bien assorties! Et l'on admire un pareil style ! (LEFRANC.)

hensible, a contribué à la richesse de la langue, et rendu moins fréquent l'usage des périphrases. S'il est permis dans la conversation et dans les sujets légers, on ne doit y recourir qu'avec la plus grande réserve dans les ouvrages sérieux, jusqu'à ce que l'usage l'ait autorisé.

« Qui ne peut briller par une pensée, veut se faire remarquer par un mot : si l'on continuait ainsi, la langue des Bossuet, des Racine, des Pascal, des Corneille, des Boileau, des Fénélon, deviendrait bientôt surannée. Pourquoi éviter une expression qui est d'usage pour en introduire une qui dit précisément la même chose ? Un mot nouveau n'est pardonnable que quand il est absolument nécessaire, intelligible et sonore : on est obligé d'en créer en physique; mais fait-on de nouvelles découvertes dans le cœur humain? Y a-t-il une autre grandeur que celle de Corneille et de Bossuet? Y a-t-il d'autres passions que celles qui ont été maniées par Racine, effleurées par Quinault? Y a-t-il une autre morale évangélique que celle de Bourdaloue ? »

(VOLTAIRE.)

« La langue de ces grands écrivains pourra devenir une langue morte, dont il faudra faire une étude particulière, ainsi que du grec et du latin; elle subira leur destinée; comme eux, elle servira de modèle aux écrivains futurs : mais il est impossible de regarder la langue française comme fixée, comme éternelle. Il serait téméraire de prétendre forcer les écrivains futurs à se servir de mots, de locutions que le temps, l'habitude, un trop fréquent usage auront énervés. Ce serait vouloir dépouiller notre postérité de son droit, arrêter la marche de l'esprit humain qui modifie les langues selon les circonstances de la vie des peuples; ce serait vouloir lutter contre le temps qui change ou détruit tout. »

(DICT. DE L'AC.)

Boileau, dans les vers suivants, a parfaitement résumé les préceptes que l'on peut donner sur la pureté du style :

Surtout qu'en vos écrits la langue révérée
Dans vos plus grands excès vous soit toujours sacrée:
En vain vous me frappez d'un son mélodieux,
Si le terme est impropre ou le tour vicieux.
Mon esprit n'admet point un pompeux barbarisme,
Ni d'un vers ampoulé l'orgueilleux solécisme :
Sans la langue, en un mot, l'auteur le plus divin
Est toujours, quoi qu'il fasse, un méchant écrivain.

—

SECTION III.

De la précision.

1. En quoi consiste la précision? — 2. — Faut-il confondre la précision avec la concision ? — 3. — Quel est le défaut contraire à la précision? — 4. — En quoi consiste la prolixité ?

1. La précision du style consiste à ne dire que ce qui est nécessaire pour l'intelligence de la pensée. Elle n'exclut ni la richesse, ni les agréments du style. Tels sont ces vers de Delille sur l'anarchie :

Des bourreaux fatigués la hache indifférente
De leur sang confondu sans cesse était fumante ;
Et le meurtre, toujours nommant leur successeur
Jetait sur l'opprimé le superbe oppresseur.

2. Il ne faut pas confondre la précision avec la concision.

La précision dit tout ce qu'il faut pour le complément de la pensée, et ne refuse jamais au sujet les développements qu'il réclame. La concision, au contraire, en n'employant que les mots strictement nécessaires, rejette toute espèce d'ornements, et par là laisse souvent à deviner ou à désirer.

Sévère, dans la tragédie de *Polyeucte*, parle ainsi des chrétiens :

Ils font des vœux pour nous qui les persécutons.

Sévère est un homme d'état. Corneille doit donc lui faire tenir le langage qui convient à ces personnages, c'est-à-dire, le langage concis.

Racine dit la même chose dans *Esther :*

Adorant dans leurs fers le Dieu qui les châtie.
Tandis que votre main sur eux appesantie,
A leurs persécuteurs les livrait sans secours,
Ils conjuraient ce Dieu de veiller sur vos jours,
De rompre des méchants les trames criminelles,
De mettre votre trône à l'ombre de ses ailes.

C'est la même pensée, mais plus développée que celle de Corneille, sans perdre pour cela le mérite de la précision. Ce n'est plus un homme d'état qui parle ; c'est une femme qui, devenue reine, s'efforce par des prières d'arracher à la colère d'Assuérus les compagnons de son exil. Aussi a-t-elle recours à cette éloquence douce, suave, persuasive, qui va droit au cœur, et triomphe toujours de sa résistance.

3. Le défaut contraire à la précision est la prolixité ou la diffusion.

4. La prolixité consiste à multiplier inutilement les mots. Ce défaut est caractérisé dans le vers suivant de Voltaire :

Un déluge de mots sur un désert d'idées.

Voici des exemples de Style diffus :

Hier matin à cinq heures, je suis arrivé à la diligence, je suis monté sur le marche-pied, je suis entré dans la voiture, je me suis assis sur la banquette : le postillon a fouetté les chevaux qui sont partis au trot.

Pour s'exprimer avec précision, il fallait dire : hier matin à cinq heures, je suis parti par la diligence.

Je me suis habillé ce matin, je suis sorti du logis, je me suis rendu chez mon ami. En style précis, il suffirait de dire : *Je me suis rendu ce matin chez mon ami.*

La prolixité est le défaut commun à tous ces écrivains qui se font un véritable scrupule de fournir jusqu'aux détails les plus minutieux. Dès lors leur style se traîne, l'association des idées disparaît, et un ennui accablant s'empare du lecteur ou de l'auditeur.

Boileau dit :

> Un auteur, quelquefois trop plein de son objet,
> Jamais sans l'épuiser n'abandonne un sujet.
> S'il rencontre un palais, il m'en dépeint la face,
> Il me promène après de terrasse en terrasse.
> Ici s'offre un perron; là règne un corridor :
> Là ce balcon s'enferme en un balustre d'or.
> Il compte des plafonds les ronds et les ovales.
> Ce ne sont que festons, ce ne sont qu'astragales;
> Je saute vingt feuillets pour en trouver la fin,
> Et je me sauve à peine au travers du jardin.
> Fuyez de ces auteurs l'abondance stérile,
> Et ne vous chargez point d'un détail inutile.
> Tout ce qu'on dit de trop est fade et rebutant;
> L'esprit rassasié le rejette à l'instant.

La précision du langage est sans contredit une des qualités les plus difficiles à acquérir ; car elle est placée entre deux écueils, la sécheresse qui engendre l'obscurité, et la diffusion qui nuit à la rapidité de la pensée. Toutefois un écrivain, doué d'un jugement sain, évitera ces deux défauts en limitant l'étendue de son sujet et en exprimant ses idées par les termes les plus justes.

SECTION IV.

Du naturel.

1. Qu'est-ce que le naturel ? — 2. Quel est le défaut qui lui est opposé ? — 3. Qu'est-ce que l'affectation? — 4. Quel est le moyen d'écrire naturellement ? — 5. Quel est l'effet du naturel ?

1. Le naturel est la traduction fidèle, aisée de la pensée, qui semble se produire d'elle-même, et n'avoir rien exigé de l'écrivain. Il ne faut pas croire cependant que cette qualité précieuse puisse s'acquérir sans travail; il en faut au contraire beaucoup. Mais elle réclame impérieusement un secret, celui de la peine qu'elle nous a coûtée. Car elle disparaît si on laisse apercevoir la moindre recherche, le plus léger effort.

Le naturel fait le charme des vers suivants :

LA PETITE PROVENCE DES TUILERIES.

Un rayon de chaleur qui ne saurait encore
 Ranimer les prés ni les bois,
Vous appelle au jardin que le luxe décore ,
 Et presque sous les yeux des rois.

Mais que vous font, enfants, les grandeurs revêtues,
 De l'éclat d'un vain appareil ?
Que vous font ces palais, ces marbres, ces statues?
 Vous ne voulez que du soleil!

Vous ne connaissez pas les funestes chimères
 Qui sous le dais viennent peser;
Vous n'avez ni soucis, ni regrets que vos mères
 Ne puissent guérir d'un baiser.

Vous n'avez à souffrir, à venger nul outrage,
    Nuls droits perdus à ressaisir ;
Vous êtes encore (1) libres : car, à votre âge,
    La liberté, c'est le plaisir.

Livrez-vous à vos jeux! qu'ils servent de contrastes
    A ces fêtes qu'on aime ici :
Riez, chantez, dansez! ces lieux sont assez vastes
    Pour le bonheur et le souci !

Vous allez croître, enfants, et devenir esclaves,
    Si vous évitez le cercueil,
Et vos pieds fatigués traîneront les entraves
    De l'avarice et de l'orgueil.

Toutes les passions en vos cœurs déchaînées
    Ne vous quitteront que bien tard ;
Et pour ces lieux charmants, durant longues années ,
    Vous n'aurez pas un seul regard.

Mais quand le temps, vainqueur de votre résistance,
    De vos ans marquera le soir,
Affaiblis, impuissants, ramenés à l'enfance,
    Vous y reviendrez vous asseoir....

Vous y retrouverez l'innocente mémoire
    D'un bonheur perdu pour toujours;
Vous leur demanderez, non point l'or ni la gloire,
    Mais le soleil de vos beaux jours.

2. Le défaut opposé au naturel est l'affectation, qui se trouve dans les mots, dans les pensées ou dans les sentiments.

3. Le style est affecté, lorsqu'il sent la recherche, soit dans l'expression, soit dans les ornements.

_____

(1) L'hémistiche doit toujours tomber sur une syllabe sonore.

Il est des écrivains qui, travaillés par le vain désir de briller, ne peuvent se résoudre à accepter les expressions et les tours employés par leurs devanciers. Parlant de choses simples ou communes, ils déploient toute la magnificence du style, toute la richesse des figures. Qu'ils n'espèrent pas conquérir ainsi à leurs œuvres l'attention et l'estime publiques. Peut-être capteront-ils quelque temps les suffrages de leur lecteur; mais un homme, au goût pur et délicat, s'apercevra bientôt, en dépouillant l'idée de ses ornements disparates, que ces artifices de langage ne servent qu'à couvrir le vide de la pensée. C'est ce travers que Molière critique si spirituellement dans une de ses comédies. Il en montre tout le ridicule, lorsqu'il fait dire à ses *Précieuses* :

Voiturez-nous les commodités de la conversation, pour : approchez des fauteils.

Contentez l'envie que ce fauteuil a de vous embrasser, pour : asseyez-vous.

Le conseiller des grâces, pour : un miroir.

Parmi les écrivains qui se sont acquis une certaine réputation littéraire, il en est plusieurs qui sont tombés dans ce défaut. Dans une lettre de Voiture à Mᴵˡᵉ de Rambouillet, on lit : « Il me » semble que vous vous ressemblez comme deux

» gouttes d'eau, la mer et vous. Il y a cette diffé-
» rence, que toute vaste et grande qu'elle est, elle
» a ses bornes, et que vous n'en avez point, et que
» tous ceux qui connaissent votre esprit avou-
» ent qu'il n'a ni fond ni rive. Et je vous
» supplie, de quel abîme avez-vous tiré ce dé-
» luge de lettres que vous avez envoyées ici? »

C'est pourtant l'éloge de Mlle de Rambouillet que Voiture voulait faire. Est-il possible de traiter un sujet aussi gracieux d'une manière plus contraire au bon goût et au bon sens?

Corneille, lui-même, est quelquefois ampoulé. Dans la tragédie d'HÉRACLIUS, Pulchérie, pour dire que sa mort attirera sur la tête coupable de Phocas des châtiments plus terribles, s'exprime ainsi :

PHOCAS A HÉRACLIUS.

A l'épreuve d'un sceptre il n'est point d'amitié,
Point qui ne s'éblouisse à l'éclat de sa pompe,
Point qu'après son hymen sa haine ne corrompe.
Elle mourra, te dis-je.

PULCHÉRIE.

Ah! ne m'empêchez pas
De rejoindre les miens par un heureux trépas.
La vapeur de mon sang ira grossir la foudre
Que Dieu tient déjà prête à le réduire en poudre.

Que d'exagération dans la pensée! Comme l'expression elle-même en souffre! *La vapeur d'un peu de sang* peut-elle, en effet, *aller grossir la foudre?*

4. Il est en nous une faculté qui trace la route du naturel, le goût, que développe et épure la lecture réfléchie des meilleurs auteurs. Pour y arriver, l'écrivain doit méditer longtemps son sujet, l'examiner sous toutes ses faces, en un mot s'en rendre maître, avant de prendre la plume, qui dès lors court d'elle-même.

5. L'effet du naturel, dit M. Andrieux, quand il est porté à la perfection, est de faire croire que l'ouvrage n'a, pour ainsi dire, rien coûté à l'auteur : on se figurerait, à le lire, qu'on va soi-même en faire autant; mais qu'on essaie, et l'on verra combien il est difficile d'atteindre ce qu'on croyait si près de soi. Ce naturel précieux est le fruit d'un jugement mûr et d'un goût exercé : les jeunes gens surtout, lorsqu'ils commencent à essayer leur talent, sont sujets aux défauts opposés : ils tombent dans l'exagération, dans l'affectation, dans l'abus de l'esprit; ils font de grands efforts et se donnent la torture pour produire des compositions forcées et défectueuses. Il en est de l'exercice de la pensée à peu près comme des exercices du corps : quand on commence à apprendre l'escrime, la danse, l'é-

quitation, on emploie presque toujours trop de force, on fait de trop grands mouvements, et l'on réussit moins en se donnant plus de peine.

« Nous sommes étonnés, ravis, enchantés, dit Pascal, lorsque nous voyons un style naturel; c'est que nous nous attendions à trouver un auteur, et nous trouvons un homme. » C'est précisément cet effet du naturel que l'on éprouve en lisant les ouvrages de ce profond penseur.

—

SECTION V.
De la noblesse.

1. En quoi consiste la noblesse? — 2. Comment relève-t-on un mot qui manque de noblesse? — 3. Quel est le défaut opposé à la noblesse? — 4. En quoi consiste la bassesse?

1. La noblesse consiste à écarter du style les termes communs et les constructions trop ordinaires.

Quoi que vous écriviez, évitez la bassesse.

(BOILEAU.)

Dans la tragédie de *Britannicus*, Burrhus se justifie noblement des reproches qu'Agrippine lui adresse :

Je ne m'étais chargé, dans cette occasion.
Que d'excuser César d'une seule action.
Mais, puisque sans vouloir que je me justifie,

Vous me rendez garant du reste de sa vie,
Je répondrai, Madame, avec la liberté
D'un soldat qui sait mal farder la vérité.
Vous m'avez de César confié la jeunesse;
Je l'avoue, et je dois m'en souvenir sans cesse;
Mais vous avais-je fait serment de le trahir?
D'en faire un empereur qui ne sût qu'obéir?
Non, ce n'est plus à vous qu'il faut que j'en réponde :
Ce n'est plus votre fils; c'est le maître du monde.
J'en dois compte, Madame, à l'empire romain,
Qui croit voir son salut ou sa perte en ma main.

(RACINE.)

Les sujets nobles et grands par eux-mêmes ne demandent pas d'un auteur la recherche d'ornements qui les altèreraient peut-être. Mais souvent l'intégrité ou la nature de la composition exige que l'on parle de choses minutieuses et minces. Alors, loin de descendre à ces mots qui sont, dit Longin, comme autant de marques honteuses qui flétrissent l'expression, l'écrivain, jaloux de plaire, fera disparaître sous une diction facile et brillante la bassesse et la trivialité de la matière.

2. Il n'est point de mot si humble qui ne puisse être ennobli. On y réussira par d'heureuses périphrases, en généralisant ou en alliant si bien les termes que l'expression triviale passe inaperçue, favorisée par la noblesse d'un autre.

Ce secret est celui des bons écrivains : c'est celui de Racine. Que de mots communs, en effet, qu'il a relevés par la richesse de son style! Avec quel bonheur ne se sert-il pas des mots de *bouc*, de *chien*, dans son admirable pièce d'*Athalie* ?

Ai-je besoin du sang des boucs et des génisses?

Dans son sang inhumain les chiens désaltérés.

Les chiens à qui son bras a livré Jézabel,
Attendant que sur toi sa fureur se déploie,
Déjà sont à ta porte, et demandent leur proie.

Delille dans ses *Jardins*, a su couvrir par l'élégance de son style la trivialité de certains mots :

Plantez donc pour cueillir. Que la grappe pendante,
La pêche veloutée, et la poire fondante,
Tapissant de vos murs l'insipide blancheur,
D'un suc délicieux vous offrent la fraîcheur.
Que sur l'oignon du Nil et sur la verte oseille
En globes de rubis descende la groseille;
Que l'arbre offre à vos mains la pomme au teint ver- [meil,]
Et l'abricot doré par les feux du soleil.
A côté de vos fleurs aimez à voir éclore,
Et le chou panaché que la pourpre colore,
Et les navets sucrés que Fréneuse a nourris.

Le *petit sou* que le savoyard implore de la pitié est par lui-même bien commun. Cependant M. Guiraud est parvenu à l'ennoblir dans les vers suivants : il fait dire à l'enfant de la Savoie :

J'ai faim : vous qui passez, daignez me secourir.
Voyez : la neige tombe, et la terre est glacée;
J'ai froid : la nuit se lève, et l'heure est avancée,
    Et je n'ai rien pour me couvrir.

Tandis qu'en vos palais tout flatte votre envie,
A genoux sur le seuil, j'y pleure bien souvent.
Donnez : peu me suffit, je ne suis qu'un enfant;
    Un petit sou me rend la vie.

3. Le défaut opposé à la noblesse est la bassesse.

4. La bassesse consiste à rendre d'une manière triviale des pensées grandes, gracieuses. Ainsi exprimées, ces pensées s'affaiblissent, cessent d'être intéressantes pour tomber souvent dans le ridicule. En voici un exemple : c'est à une reine que l'on parle :

Votre fils s'est jeté du haut d'une fenêtre.
Il faut bien vite, il faut aller le secourir.
Hélas! Madame, il est en danger de mourir.

SECTION VI.
De la variété.

1. En quoi consiste la variété? — 2. Suffit-il de diversifier les pensées?

1. La variété consiste à diversifier les pensées et le style.

Boileau a dit :

Voulez-vous du public mériter les amours ?
Sans cesse en écrivant variez vos discours.
Un style trop égal et toujours uniforme
En vain brille à nos yeux, il faut qu'il nous endorme.
On lit peu ces auteurs, nés pour nous ennuyer,
Qui toujours sur un ton semblent psalmodier.
Heureux qui dans ses vers sait d'une voix légère
Passer du grave au doux, du plaisant au sévère.

Il est facile de comprendre la raison de ce précepte de Despréaux. Quel est, en effet, le but de l'écrivain? N'est-ce pas d'instruire, de plaire ou de toucher? Mais, en offrant plusieurs fois les mêmes idées, il leur enlève d'abord toute leur énergie; puis il fatigue tellement le lecteur qu'il ne peut plus captiver son attention. En vain frappe-t-il son oreille de sons éclatants, harmonieux; en vain cherche-t-il par le coloris de l'expression et la hardiesse des tours à rendre la vigueur à la pensée. Une seule fois exprimée, l'idée eût pu faire sur nous une vive impression; mais répétée, elle nous trouve sans écho.

Il est vrai néanmoins qu'on est souvent forcé de revenir plusieurs fois sur des idées déjà émises. Le mérite de l'écrivain consiste alors à les présenter sous des faces nouvelles qui commandent et graduent l'intérêt.

2. Il ne suffit pas de diversifier les pensées; il

faut encore varier les formes du langage. L'admiration qu'excitent les grands maîtres, eux-mêmes, ne serait que passagère, s'ils ne possédaient l'art de passer sans effort, quand le sujet l'exige, du style simple au tempéré, du tempéré au sublime.

Dans les vers suivants de Casimir Delavigne, on trouve réunies toutes les variétés de style et de pensées :

LA MORT DE JEANNE D'ARC.

Silence au camp! la vierge est prisonnière!
Par un injuste arrêt Bedford croit la flétrir :
Silence au camp ! la vierge va périr :
Jeune encore, elle touche à son heure dernière...

A qui réserve-t-on ces apprêts meurtriers ?
Pour qui ces torches qu'on excite?
L'airain sacré tremble et s'agite!
D'où vient ce bruit lugubre? où courent ces guerriers
Dont la foule à longs flots roule et se précipite?

La joie éclate sur leurs traits,
Sans doute l'honneur les enflamme ;
Ils vont pour un assaut former leurs rangs épais :
Non, ces guerriers sont des Anglais
Qui vont voir mourir une femme !

Qu'ils sont nobles dans leur courroux!
Qu'il est beau d'insulter au bras chargé d'entraves!
La voyant sans défense, ils s'écriaient, ces braves :
« Qu'elle meure! elle a contre nous
Des esprits infernaux suscité la magie!

Lâches ! que lui reprochez-vous?
D'un courage inspiré la brûlante énergie,
L'amour du nom français, le mépris du danger,
    Voilà sa magie et ses charmes;
    En faut-il d'autres que des armes
Pour combattre, pour vaincre et punir l'étranger?

Du Christ avec ardeur Jeanne baisait l'image;
Ses longs cheveux épars flottaient au gré des vents ;
Au pied de l'échafaud, sans changer de visage,
    Elle s'avançait à pas lents.
Tranquille elle y monta; quand, debout, sur le faîte,
Elle vit ce bûcher qui l'allait dévorer,
Les bourreaux en suspens, la flamme déjà prête,
Sentant son cœur faillir, elle baissa la tête,
    Et se prit à pleurer.

    Ah! pleure, fille infortunée!
    Ta jeunesse va se flétrir,
    Dans sa fleur trop tôt moissonnée !
    Adieu, beau ciel, il faut mourir.

    Ainsi qu'une source affaiblie,
    Près du lieu même où naît son cours,
    Meurt en prodiguant ses secours
    Au berger qui passe et l'oublie ;

    Ainsi, dans l'âge des amours ,
    Finit ta chaste destinée ,
    Et tu péris abandonnée
    Par ceux dont tu sauvas les jours.

Tu ne reverras plus tes riantes montagnes,
Le temple, le hameau, les champs de Vaucouleurs,
    Et ta chaumière et tes compagnes,
Et ton père, expirant sous le poids des douleurs.

Chevaliers, parmi vous qui combattra pour elle?
N'osez-vous entreprendre une cause aussi belle?
Quoi! vous restez muets! aucun ne sort des rangs?
Aucun pour la sauver ne descend dans la lice?
Puisqu'un forfait si noir les trouve indifférents,
    Tonnez, confondez l'injustice,
Cieux; obscurcissez-vous de nuages épais;
Éteignez sous leurs flots les feux du sacrifice,
    Ou guidez au lieu du supplice,
A défaut du tonnerre, un chevalier français!

Après quelques instants d'un horrible silence,
Tout-à-coup le feu brille, il s'irrite, il s'élance,
Le cœur de la guerrière alors s'est ranimé ;
A travers les vapeurs d'une fumée ardente,
    Jeanne, encor menaçante,
Montre aux Anglais son bras à demi-consumé.
    Pourquoi reculer d'épouvante,
    Anglais! son bras est désarmé ;
La flamme l'environne, et sa voix expirante
Murmure encore : « O France! ô mon roi bien-aimé !»

SECTION VII.

De la convenance.

1. En quoi consiste la convenance? — 2. Le style doit-il être proportionné seulement aux pensées? — 3. D'où vient souvent la différence que nous remarquons entre le style et le sujet?

1. La convenance consiste à approprier les pensées et le style à la matière que l'on traite.

Que sert, en effet, dit Quintilien, que les mots soient purs, élégans, significatifs, nombreux même et figurés, s'ils ne répondent ni aux choses que nous voulons persuader à nos auditeurs, ni aux sentiments que nous avons dessein de leur inspirer, si notre style est magnifique et pompeux dans les petits sujets; exact et poli dans les grands; fleuri et enjoué dans ceux qui demandent un ton grave et sérieux; menaçant et fier lorsqu'il faudrait recourir aux prières et aux supplications; humble et soumis quand la fougue et la vivacité siéraient bien; violent et emporté, où il est besoin d'agrément ou de douceur ?

Celui-là seul donc, comme le dit Cicéron, est véritablement éloquent, qui sait s'exprimer en style simple sur les sujets ordinaires, traiter avec dignité les grands sujets, et ne s'élever qu'à la hauteur convenable dans les sujets moyens.

L'Oreiller d'une petite fille, pièce gracieuse de Mme Valmore Desbordes, est un modèle de convenance :

CHER petit oreiller, doux et chaud sous ma tête,
Plein de plume choisie, et blanc, et fait pour moi !
Quand on a peur du vent, des loups, de la tempête,
Cher Petit oreiller, que je dors bien sur toi !

Beaucoup, beaucoup d'enfans, pauvres et nus, sans mère,
Sans maison, n'ont jamais d'oreiller pour dormir,

Ils ont toujours sommeil. O destinée amère !
Maman, douce maman! cela me fait gémir.

Et quand j'ai prié Dieu pour tous ces petits anges
Qui n'ont pas d'oreiller, moi, j'embrasse le mien.
Seule dans mon doux nid, qu'à tes pieds tu m'arranges,
Je te bénis, ma mère, et je touche le tien !

Je ne m'éveillerai qu'à la lueur première
De l'aube au rideau bleu; c'est si beau de la voir !
Je vais dire tout bas ma plus tendre prière :
Donne encore un baiser, douce maman ! bonsoir!

« Dieu des enfants! le cœur d'une petite fille,
Plein de prière.... (écoute) est ici sous mes mains;
On me parle toujours d'orphelins sans famille :
Dans l'avenir, mon Dieu, ne fais plus d'orphelins.

» Laisse descendre, au soir, un ange qui pardonne,
Pour répondre à des cris que l'on entend gémir.
Mets, sous l'enfant perdu que la mère abandonne,
Un petit oreiller qui le fera dormir! »

2. Ce n'est pas seulement aux pensées que le style doit être proportionné. On doit encore retrouver dans l'expression l'image fidèle des temps, des lieux et des mœurs. Il faut se garder surtout de prêter à un personnage un langage étranger à son caractère, à la matière qu'il traite, aux circonstances où il se trouve, ou à l'époque à laquelle il vivait. Car loin de nous instruire, on abuserait de notre attention, si on ne portait dans nos idées le trouble et la confusion.

3. Souvent la différence que nous remarquons entre le style et le sujet vient de la supériorité du sujet lui-même sur le talent de l'auteur. On doit donc consulter ses forces avant de se livrer à la composition; car le même genre ne saurait convenir à tous les écrivains. Molière était né pour la comédie; Racine, pour peindre les sentiments avec cette pureté harmonieuse que Voltaire appelait admirable, sublime; Fénélon, celui des hommes de génie qui a le plus *aimé les hommes*, pour tracer ses devoirs à l'héritier d'un trône; et Bossuet, pour dire aux rois sur une tombe que tout passe ici-bas, excepté la vertu.

CHAPITRE III.

Qualités particulières du style.

1. Qu'apelle-t-on qualités particulières? — 2. L'ancienne division du style en trois genres est-elle fondée?

1. Outre les qualités essentielles et invariables, le style en a d'autres que l'on nomme particulières. Celles-ci varient suivant la nature de la matière que l'on traite.

2. Le triple but de l'orateur qui est d'instruire, de plaire et de toucher avait suggéré aux an-

ciens la division du style en trois genres, le simple, le tempéré et le sublime. Cette classification, suivie par plusieurs littérateurs modernes, nous paraît sans fondement. La diversité des pensées qu'expriment la parole et l'écriture force, en effet, le style à sortir de ce cercle trop étroit pour revêtir les nuances infinies qui distinguent les idées entre elles. D'ailleurs l'ode, le poème, le drame, l'éloquence, l'histoire, la philosophie, en un mot, toutes les espèces de compositions, n'ont-elles pas chacune un style à elles, où le talent a su rassembler ces formes de langage que l'antiquité semblait vouloir désunir? Il serait même très-difficile d'indiquer exactement la limite qui sépare ces trois genres l'un de l'autre. En instruisant, la simplicité de Fénélon faisait le charme du lecteur qu'elle ne laissait jamais indifférent; l'agrément n'était pas le seul but de l'élégance de Massillon : elle voulait persuader; et la sublimité de Bossuet, en remuant les cœurs, savait donner aux leçons de la morale plus d'étendue et plus d'attraits.

Cependant dans cette classification on croit remarquer au premier coup d'œil un certain air de justesse qui plaide en sa faveur. Car les sujets que l'on traite sont ordinairement de trois sortes : l'un simple, l'autre plus élevé, le troisième plus grand encore. On pourrait par conséquent, sans trop d'arbitraire, ce semble, distinguer aussi trois genres de style : le style simple, le style tempéré et le style sublime. Nous admettons donc cette division sans y attacher une importance rigoureuse.

CHAPITRE IV.

Du style simple.

1. Qu'est-ce que le style simple? — 2. Rejette-t-il tous les ornements? — 3. Le style simple convient-il aux pensées élevées? — 4. Dans quels sujets s'emploie le style simple? — 5. Quelles sont les qualités qui paraissent plus spécialement lui convenir?

1. Le style simple est celui où la pensée est exprimée avec une facilité qui ne trahit ni la recherche, ni le travail.

Ce style, dit Cicéron dans son *Orateur*, est sans élévation, conforme aux lois de l'usage ordinaire, peu différent, en apparence, de la diction commune et populaire, quoique dans le fond il en soit plus éloigné qu'on ne pense. Tous ceux qui l'entendent, jusqu'aux moins diserts, croient pouvoir y atteindre. En effet, rien ne paraît si aisé à attraper que le style mince et délié, quand on en juge par la première impression; s'agit-il d'en faire l'épreuve, on en sent toute la difficulté. Quoique ce genre d'écrire ne doive pas prendre beaucoup de nourriture, ni avoir une extrême force, il faut néanmoins qu'il ait un certain suc, et une sorte d'embonpoint qui fasse connaître qu'il est sain.

2. Le style simple ne rejette pas toute espèce d'ornements. Si, craignant d'être altéré, il évite les figures hardies, éclatantes, les contructions harmonieuses, la vigueur des mouvements, les périodes nombreuses, il aime à briller de cette beauté modeste que ne ternit jamais une certaine négligence. L'enjouement, la gaieté, la plaisanterie lui conviennent; mais il se garde de leur sacrifier la pureté, la précision et la propriété des termes.

La simplicité fait surtout le mérite du récit suivant, extrait des notes de l'*Eloge de Fénélon,* par le cardinal Maury :

    « De retour à Cambray, Fénélon confessait
» assidûment et indistinctement, dans sa métro-
» pole, toutes les personnes qui s'adressaient à
» lui. Il y disait la messe tous les samedis. Un
» jour, il aperçut, au moment où il allait mon-
» ter à l'autel, une pauvre femme, fort âgée,
» qui paraissait vouloir lui parler. Il s'approche
» d'elle avec bonté, et l'enhardit par sa douceur
» à s'exprimer sans crainte. *Monseigneur,* lui

» dit-elle en pleurant et en lui présentant une
» pièce de douze sous, *je n'ose pas, mais j'ai*
» *beaucoup de confiance dans vos prières.*
» *Je voudrais vous prier de dire la messe*
» *pour moi. — Donnez ma bonne,* lui dit
» Fénélon en recevant son offrande, *votre au-*
» *mône sera agréable à Dieu. Messieurs,*
» dit-il ensuite aux prêtres qui l'accompagnaient
» pour le servir à l'autel, *apprenez à honorer*
» *votre ministère.* Après la messe, il fit re-
» mettre à cette femme une somme assez consi-
» dérable, et lui promit de dire une seconde mes-
» se le lendemain à son intention. »

S'il est un écrivain dont la simplicité aimable
ne se soit jamais démentie, c'est sans contredit
La Fontaine, surnommé à juste titre *l'inimita-*
ble. Pas une de ses fables qui ne soit un modèle
parfait de style simple. Que de grâce et d'agréments dans celle de LA LAITIÈRE ET LE POT AU
LAIT :

PERRETTE sur sa tête ayant un pot au lait
       Bien posé sur un coussinet,
Prétendait arriver sans encombre à la ville.
Légère et court vêtue, elle allait à grands pas,
Ayant mis ce jour-là, pour être plus agile,
       Cotillon simple et souliers plats.
       Notre laitière ainsi troussée
       Comptait déjà dans sa pensée
Tout le prix de son lait, en employait l'argent,

Achetait un cent d'œufs, faisait triple couvée,
La chose allait à bien par son soin diligent.
  Il m'est, disait-elle, facile
D'élever des poulets autour de ma maison:
  Le renard sera bien habile
S'il ne m'en laisse assez pour avoir un cochon.
Le porc à s'engraisser coûtera peu de son:
Il était, quand je l'eus, de grosseur raisonnable :
J'aurai, le revendant, de l'argent bel et bon.
Et qui m'empêchera de mettre en notre étable
Vu le prix dont il est, une vache et son veau,
Que je verrai sauter au milieu du troupeau?
Perrette là-dessus saute aussi transportée :
Le lait tombe : adieu veau, vache, cochon, couvée.
La dame de ces biens, quittant d'un œil marri
  Sa fortune ainsi répandue,
  Va s'excuser à son mari,
  En grand danger d'être battue.
  Le récit en farce en fut fait,
  On l'appela le *pot au lait.*

3. Les pensées les plus élevées peuvent être même exprimées simplement. Le comble de l'art, dit Marmontel, serait d'être simple dans les grandes choses et dans l'expression de tous les sentiments nobles et intéressants par eux-mêmes.

Où sont les ornements, les termes pompeux, recherchés dans cette exclamation :

« O nuit désastreuse! ô nuit effroyable où re-
» tentit tout-à-coup comme un éclat de tonnerre
» cette étonnante nouvelle: *Madame se meurt!*
» *Madame est morte!* »

Et pourtant que de larmes coulèrent à ces paroles de Bossuet!

4. Le style simple s'emploie dans le commerce épistolaire, les fables, les contes, l'églogue, les dialogues, les comédies, les rapports, en un mot, dans tous les ouvrages qui traitent des sujets peu susceptibles d'élévation.

5. Les qualités propres au style simple sont : *la concision* et *la naïveté*.

SECTION PREMIÈRE.

De la concision.

Qu'est-ce que la concision?

La concision ne voit que la pensée qu'elle exprime le plus brièvement possible, sans tenir compte des ornements.

On admire dans le passage suivant la concision avec laquelle Bossuet peint le berceau des sociétés.

« Tout commence : il n'y a point d'histoire
» ancienne où il ne paraisse, non seulement dans
» ces premiers temps, mais longtemps après, des
» vestiges manifestes de la nouveauté du monde,
» On voit les lois s'établir, les mœurs se polir, et
» les empires se former. Le genre humain sort
» peu à peu de l'ignorance; l'expérience l'instruit.

» et les arts sont inventés ou perfectionnés. A
» mesure que les hommes se multiplient, la terre
» se peuple de proche en proche : on passe les
» montagnes et les précipices; on traverse les fleu-
» ves, et enfin les mers; et on établit de nouvel-
» les habitations. La terre, qui n'était au commen-
» cement qu'une forêt immense, prend une autre
» forme; les bois abattus font place aux champs,
» aux pâturages, aux hameaux, aux bourgades,
» et enfin aux villes. On s'instruit à prendre cer-
» tains animaux, à apprivoiser les autres et à les
» accoutumer au service. On eut d'abord à com-
» battre les bêtes farouches. Les premiers héros
» se signalèrent dans ces guerres. Elles firent in-
» venter les armes que les hommes tournèrent
» après contre leurs semblables. Nemrod, le pre-
» mier guerrier et le premier conquérant, est ap-
» pelé par l'écriture un fort chasseur. Avec les
» animaux, l'homme sut encore adoucir les fruits
» et les plantes; il plia jusqu'aux métaux à son
» usage, et, peu à peu, il fit servir toute la na-
» ture. »

SECTION II.

De la naïveté.

Qu'est-ce que la naïveté ?

La naïveté est l'expression spontanée d'une

pensée d'un sentiment qui semblent se présenter d'eux-mêmes et comme à notre insu. Elle ne veut ni réflexion, ni recherche, ni travail; les ornements qui lui conviennent sont ceux que voile une certaine négligence. Personne, plus que La Fontaine, n'a semé dans la composition les grâces de la naïveté. Lisez la première fable que le hasard aura mise sous vos yeux : ce sont toujours les charmes de cette qualité qui vous séduisent. Que d'ingénuité dans ces vers qui commencent la fable de *l'Ane et du Chien* :

> Il se faut entr'aider, c'est la loi de nature.
> L'âne un jour pourtant s'en moqua ;
> Et ne sais comme il y manqua,
> Car il est bonne créature.

Voici encore un exemple de naïveté.

> Henri quatre à bateau passait un jour la Loire,
> Le nautonnier robuste, homme de cinquante ans,
> Avait ses cheveux blancs,
> La barbe toute noire.
> Le prince familier et bon
> En voulut savoir la raison.
> La raison, pardi, sire, est toute naturelle,
> Répondit le manant qui ne fut pas honteux:
> C'est que mes cheveux
> Sont vingt ans plus vieux qu'elle.

CHAPITRE V.

Du Style tempéré.

1. Qu'est-ce que le Style tempéré? — 2. Pourquoi est-il aussi appelé fleuri? — 3. A quels sujets convient le style tempéré? — 4. Quelles sont les qualités qui lui sont propres?

1. Le style tempéré est un mélange de style simple et de style sublime. Il emprunte du premier cette simplicité naïve et cette grâce qui séduisent et persuadent; et de l'autre, avec moins d'énergie et de véhémence, la grandeur des pensées, la noblesse des sentiments et la vivacité des images.

2. Ce genre de style est aussi appelé *fleuri* parce qu'il répand dans le langage les fleurs et les figures les plus propres à l'embellir. Il faut cependant apporter dans le choix des ornements une sage réserve, et surtout les varier ; car

L'ennui naquit un jour de l'uniformité.

Toutes ces qualités précieuses se trouvent réunies dans le passage suivant des Martyrs. Cymoodcée, assise devant la fenêtre de sa prison, et croyant toucher au moment heureux où elle doit être rendue à son époux, mais étant réellement à la veille de sa mort, soupire ces paroles harmonieuses. C'est le chant du cygne dont les accens,

dit-on, ne sont jamais plus mélodieux qu'à l'instant
où ses jours vont finir (1).

« Légers vaisseaux de l'Ausonie, fendez la mer
» calme et brillante! Esclaves de Neptune, aban-
» donnez la voile au souffle amoureux des vents !
» Courbez-vous sous la rame agile. Reportez-moi
» sous la garde de mon époux et de mon père, aux
» rives fortunées du Pamisus.

» Volez, oiseaux de Lybie, dont le cou flexible
» se courbe avec grâce, volez au sommet de l'I-
» thome, et dites que la fille d'Homère va revoir
» les lauriers de la Messénie.

» Quand retrouverai-je mon lit d'ivoire, la lu-
» mière du jour si chère aux mortels, les prairies
» émaillées de fleurs qu'une eau pure arrose, que
» la pudeur embellit de son souffle! J'étais sem-
» blable à la tendre génisse sortie du fonds des
» grottes, errante sur les montagnes et nourrie
» au son des instruments champêtres. Aujour-
» d'hui dans une prison solitaire, sur la couche
» indigente de Cérès!....

» Mais d'où vient qu'en voulant chanter com-
» me la fauvette, je soupire comme la flûte con-
» sacrée aux morts? Je suis pourtant revêtue de
» la robe nuptiale; mon cœur sentira les joies et

(1) Grandperret.

» les inquiétudes maternelles, je verrai mon fils
» s'attacher à ma robe, comme l'oiseau timide
» qui se réfugie sous l'aile de sa mère. Eh! ne
» suis-je pas moi-même un jeune oiseau ravi au
» sein paternel! Que mon père et mon époux
» tardent à paraître! Ah! s'il m'était permis
» d'implorer encore les grâces et les muses! Si
» je pouvais interroger le ciel dans les entrailles
» de la victime! Mais j'offense un Dieu que je
» connais à peine : reposons-nous sur la croix»

(MARTYRS, LIV. XXIII.)

Andromaque pouvait-elle exprimer avec plus de
douceur et de grâce les sentiments que lui inspire
sa tendresse maternelle.

Quoi, Céphise, j'irai voir expirer encor
Ce fils, ma seule joie et l'image d'Hector?
Ce fils que de sa flamme il me laissa pour gage?
Hélas! il m'en souvient, le jour que son courage
Lui fit chercher Achille, ou plutôt le trépas,
Il demanda son fils et le prit dans ses bras :
Chère épouse, dit-il, en essuyant mes larmes,
J'ignore quel succès le sort garde à mes armes,
Je te laisse mon fils pour gage de ma foi;
S'il me perd, je prétends qu'il me retrouve en toi :
Si d'un heureux hymen la mémoire t'est chère,
Montre au fils à quel point tu chérissais le père.
Et je puis voir répandre un sang si précieux?
Et je laisse avec lui périr tous ses aïeux!

Roi barbare, faut-il que mon crime l'entraîne?
Si je te hais, est-il coupable de ma haine ?
T'a-t-il de tous les siens reproché le trépas?
S'est-il plaint à tes yeux des maux qu'il ne sent pas?
Et cependant, mon fils, tu meurs, si je n'arrête
Le fer que le cruel tient levé sur ta tête;
Je l'en puis détourner, et je t'y vais offrir!
Non, tu ne mourras point : je n'y puis consentir.

3. Le style tempéré convient aux descriptions, aux discours académiques, en général à l'expression d'un sentiment modéré, doux, calme ou légèrement amer, comme celui de l'amitié, de la compassion, de la tristesse, de la douleur, de l'affection, etc. : il s'emploie enfin dans les ouvrages où l'on traite des sujets agréables, pour plaire.

4. Les qualités qui distinguent le style tempéré sont l'*élégance*, l'*abondance*, la *finesse*, la *délicatesse*.

SECTION PREMIÈRE,

De l'élégance.

1. En quoi consiste l'élégance?—2. Quels ornements admet-elle ?

1. L'élégance consiste à rendre la pensée par des expressions choisies et heureusement disposées; de là résulte le langage facile et gracieux.

2. Cette qualité admet les ornements, elle leur doit souvent ses charmes, mais elle rejette tous ceux qui sentent l'effort, l'affectation ou qui seraient inconsidérément prodigués.

Son importance ressortira mieux par le parallèle des deux passages suivants où les mêmes pensées sont diversement exprimées.

Les anciens immolaient des victimes pour consulter leurs entrailles où ils espéraient lire l'avenir. Du Ryer combat cette superstition dans les vers suivants :

Donc, vous vous figurez qu'une bête assommée
Tienne votre fortune en son ventre enfermée;
Et que des animaux les sales intestins
Soient un temple adorable où parlent les destins.
Ces superstitions et tout ce grand mystère,
Sont propres seulement à tromper le vulgaire.

Vainement on chercherait dans ces vers le choix des mots, l'harmonie de la construction; ce qui les distingue, c'est la platitude et la grossièreté, résultats naturels de l'absence du bon goût.

Voyez maintenant l'élégance que la même pensée à su prendre sous la plume de Voltaire :

Pensez-vous qu'en effet, au gré de leur demande,
Du vol de leurs oiseaux la vérité dépende ?
Que sous un fer sacré des taureaux gémissants,
Dévoilent l'avenir à leurs regards perçants?

Et que de leurs festons ces victimes ornées,
Des humains dans leurs flancs portent les destinées.

SECTION II.

De l'abondance.

Qu'est-ce que l'abondance ?

L'abondance est l'expression riche des pensées nombreuses, des images vives, des sentiments vrais répandus dans le discours.

Cette richesse ne doit pas être confondue avec une autre qui n'en est que l'apparence. Un auteur, pauvre d'idées, espère quelquefois les multiplier en entassant les termes, les périodes dont il combine inutilement l'harmonie et l'éclat. Sa stérile abondance n'échappera pas à l'homme versé dans les préceptes de l'art, et tout cet échafaudage élevé à grand frais sera impuissant à combler le vide de la pensée.

Le second écueil à éviter est celui où l'expression, avare de sens, ne répondrait pas au besoin de l'idée, à la noblesse des sentiments, à la beauté des images.

Bossuet peint avec magnificence le néant des grandeurs humaines :

« De quelque superbe distinction que se flat-

» tent les hommes, ils ont tous une même origi-
» ne, et cette origine est petite. Leurs années se
» poussent successivement comme des flots; ils
» ne cessent de s'écouler : tant qu'enfin, après
» avoir fait un peu plus de bruit et traversé un
» peu plus de pays les uns que les autres, ils
» vont tous ensemble se confondre dans un abî-
» me où l'on ne connaît plus ni princes, ni rois,
» ni toutes ces autres qualités superbes qui dis-
» tinguent les hommes, de même que ces fleuves
» tant vantés demeurent sans nom et sans gloire,
» mêlés dans l'Océan avec les rivières les plus in-
» connues. »

La richesse se trouve encore dans le passage
suivant de M. de Lamartine :

Cet astre universel, sans déclin, sans aurore,
C'est Dieu, c'est ce grand tout qui soi-même s'adore!
Il est; tout est en lui; l'immensité, le temps,
De son être infini sont les purs éléments.
L'espace est son séjour, l'éternité son âge;
Le jour est son regard, le monde est son image :
Tout l'univers subsiste à l'ombre de sa main :
L'être à flots éternels découlant de son sein,
Comme un fleuve nourri par une source immense,
S'en échappe, et revient finir où tout commence.
Sans bornes, comme lui, ses ouvrages parfaits
Bénissent en naissant la main qui les a faits.
Il peuple l'infini chaque fois qu'il respire;

Pour lui, vouloir, c'est faire; exciter c'est produire,
Tirant tout de lui seul, rapportant tout à soi,
Sa volonté suprême est la suprême loi...

Intelligence, amour, force, beauté, jeunesse,
Sans s'épuiser jamais, il peut donner sans cesse;
Et comblant le néant de ses dons précieux,
Des derniers rangs de l'être il peut tirer des dieux.
Mais ces dieux de sa main, ces fils de sa puissance
Mesurent d'eux à lui l'éternelle distance,
Tendant par leur nature à l'être qui les fit;
Il est leur fin à tous, et lui seul se suffit.

Voilà, voilà le Dieu que tout esprit adore,
Qu'Abraham a servi, que rêvait Pythagore,
Que Socrate annonçait, qu'entrevoyait Platon;
Ce Dieu que l'univers révèle à la raison;
Que la justice attend, que l'infortune espère,
Et que le Christ enfin vint montrer à la terre...
Il est seul, il est un, il est juste, il est bon;
La terre voit son œuvre, et le ciel sait son nom!

———

SECTION III.

De la finesse.

Qu'est-ce que la finesse?

La finesse ne dit pas tout ce qu'elle veut dire; elle laisse le plaisir de le deviner.

Le voile qui couvre ainsi une partie de la pensée doit être néanmoins assez transparent pour que l'on puisse, sans le moindre effort, la saisir tout entière. Car, si pour nous comprendre, le plus léger travail était nécessaire, loin d'être fin, nous deviendrions obscur.

Martial dit à un empereur romain qui faisait la guerre loin de Rome :

« Les barbares voient de près le maître du
» monde; votre présence les effraie, en même
» temps qu'ils en jouissent. »

Que de finesse dans ce vers de Racine où Hippolyte dit en parlant d'Aricie :

Si je la haïssais, je ne la fuirais pas.

Fontenelle, dans sa réponse au cardinal Dubois qui venait de prendre place à l'Académie française, avait dit : « Vous communiquez sans réserve à
» notre jeune monarque les connaissances qui le
» mettront un jour en état de gouverner par lui-
» même ; vous travaillez de tout votre pouvoir à
» vous rendre *inutile*. »

Un critique corrigea la prétendue faute de Fontenelle, afin, selon lui, de la rendre intelligible, et il substitua *utile* à *inutile*. Fontenelle n'était point obscur; il n'était que fin : le critique lui prêtait généreusement de son crû une outrageuse banalité (1).

(1). M. Géruscz.

SECTION IV.

De la délicatesse.

Qu'est-ce que la délicatesse?

La délicatesse est l'expression simple, naïve d'un sentiment fin et gracieux. Ce n'est pas à l'esprit qu'elle s'adresse, comme la finesse, c'est le cœur qu'elle veut gagner , le cœur où elle s'insinue agréablement et que ses charmes savent séduire presque à son insu.

La délicatesse du sentiment se fait sentir dans les adieux que Marie Stuart adresse à la France :

> Adieu, plaisant pays de France ,
> O ma patrie
> La plus chérie,
> Toi qui nourris ma tendre enfance.
> Adieu, France, adieu, mes beaux jours.
> La nef qui disjoint nos amours
> N'a ci de moi que la moitié.
> Une part me reste : elle est tienne,
> Je la fie à ton amitié
> Pour que de l'autre il te souvienne.

Dans la tragédie de *Britannicus* par Racine, Burrhus s'exprime avec délicatesse, lorsqu'il dit à Néron :

> Un jour, il m'en souvient, le sénat équitable
> Vous pressait de souscrire à la mort d'un coupable :
> Vous résistiez, seigneur, à leur sévérité ;
> Votre cœur s'accusait de trop de cruauté ;

Et, plaignant les malheurs attachés à l'empire,
Je voudrais, disiez-vous, ne pas savoir écrire.

CHAPITRE VI.
Du style sublime.

1. Qu'est-ce que le style sublime? — 2. A quels sujets convient-il? —3. Qu'elles sont les qualités propres au style sublime?

1. Le style sublime emploie tout ce que l'éloquence a de beau, de majestueux, de grand : la noblesse et la profondeur des pensées, la richesse et la force des expressions, la hardiesse et l'éclat des figures, la vivacité et la beauté des images, la rapidité des mouvements, le nombre et l'harmonie des périodes.

C'est à ce genre de style que l'orateur doit cette puissance qui lui assure le triomphe facile de l'esprit et du cœur. L'âme élevée au-dessus des sens n'éprouve plus dans son enthousiasme qu'un seul sentiment, celui de l'admiration pour la parole qui la maîtrise à son gré et la fait ainsi passer de l'amour à la haine, de la mollesse à l'action, souvent du crime à la vertu.

Toutes les richesses du style sublime se trouvent réunies dans le passage suivant où Lacépède décrit l'éruption d'un volcan :

« 'Tout-à-coup, au milieu du silence de la nuit, un bruit affreux retentit à leurs oreilles; ils entendent de loin la mer mugir et rouler vers le rivage ses ondes amoncelées; les souterrains profonds sont frappés à coups redoublés; la terre tremble sous leurs pas; ils courent pleins d'effroi au milieu des ténèbres épaisses. Une montagne voisine, s'entr'ouvrant avec effort, lance au plus haut des airs une colonne ardente, qui répand, au milieu de l'obscurité, une lumière rougeâtre et lugubre; des rochers volent de tous côtés; la foudre éclate et tombe; une mer de feu s'avançant avec rapidité inonde les campagnes. A son approche les forêts s'embrasent, la terre n'offre plus que l'image d'un vaste incendie qu'entretiennent des amas énormes de matières enflammées et qu'animent des vents impétueux. Où fuyez-vous, mortels infortunés? de quelque côté que vous cherchiez un asile, comment éviterez-vous la mort qui vous menace? De nouveaux gouffres s'ouvrent sous vos pas, de nouveaux tourbillons de flammes, de pierres, de cendre et de fumée, volent vers vous du sommet des montagnes, et la mer écumeuse, rougie par l'éclat des foudres, surmonte son rivage et s'avance pour nous engloutir. »

La sublimité des pensées et des images n'est pas moins frappante dans les vers suivants :

ODE SUR LE VAISSEAU LE VENGEUR.(1)

Toi que je chante et que j'adore,
Dirige, ô Liberté, mon vaisseau dans son cours :
Moins de vents orageux tourmentent le Bosphore
Que la mer terrible où je cours.

Vainqueur d'Éole et des Pléiades,
Je sens d'un souffle heureux mon navire emporté :
Il échappe aux écueils des trompeuses Cyclades;
Il vogue à l'immortalité.

Mais des flots fût-il la victime,
Ainsi que *le Vengeur* il est beau de périr;
Il est beau, quand le sort nous plonge dans l'abime,
De paraître le conquérir.

Trahi par le sort infidèle,
Tel qu'un lion pressé de nombreux léopards,
Seul, au milieu de tous, sa colère étincelle;
Il les combat de toutes parts.

L'airain lui déclare la guerre;
Le fer, l'onde, la flamme entourent ses héros.
Sans doute ils triomphaient!... Mais leur dernier ton-
Vient de s'éteindre sous les flots!...   [nerre]

Captifs!... la vie est un outrage.
Ils préfèrent le gouffre à ce bienfait honteux.
L'Anglais en frémissant admire leur courage.
Albion pâlit devant eux.

(1) En 1794, dans une bataille navale entre les Anglais et les
Français, non loin de Brest, l'équipage d'un des vaisseaux français nommé *le Vengeur*, se voyant réduit à l'extrémité, aima mieux
périr que de se rendre, et fit sombrer le vaisseau.

Plus fiers d'une mort infaillible,
Sans peur, sans désespoir, calmes dans leurs combats,
De ces braves Français l'âme n'est plus sensible
    Qu'à livresse d'un beau trépas.

    Près de se voir réduire en poudre,
Ils défendent leurs bords embrasés et sanglants.
Voyez-les défier et la vague et la foudre,
    Sous des mâts rompus et brûlants.

    Voyez ce drapeau tricolore
Qu'élève en périssant leur courage indompté!
Sous le flot qui les couvre entendez-vous encore
    Ce cri : « Vive la liberté! »

    Ce cri, c'est en vain qu'il expire,
Étouffé par la mort et par les flots jaloux :
Sans cesse il revivra répété par ma lyre;
    Siècles! il planera sur vous.

    Et vous, héros de Salamine,
Dont Téthys vante encor les exploits glorieux,
Non, vous n'égalez point cette auguste ruine,
    Ce naufrage victorieux.

                 (LEBRUN.)

2. Le style sublime convient aux sujets susceptibles de la plus haute élévation, à la poésie tragique, épique et lyrique, à l'histoire, à la philosophie, au panégyrique, à l'oraison funèbre et à d'autres genres d'éloquence.

3. Les qualités propres au style sublime sont l'*énergie*, la *véhémence* et la *magnificence*.

SECTION PREMIÈRE.

De l'énergie.

Qu'est-ce que l'énergie? Citez-en un exemple.

L'énergie est l'expression concise de la vigueur de la pensée ou du sentiment.

Cette qualité gagne à la fois l'esprit et le cœur; par elle, l'orateur entraîne son auditoire qu'il transporte d'enthousiasme et d'admiration. Mais, pour l'atteindre, il ne suffit pas d'orner le discours d'expressions vives et fortes, il faut encore leur assigner dans la phrase la place qui leur convient.

Le discours suivant de Child-Harold aux Grecs est surtout remarquable par l'énergie de la pensée et de l'expression :

Je ne viens point ici, par de vaines images,
Dans vos seins frémissants réveiller vos courages :
Un seul cri vous restait et vous l'avez jeté,
Votre langue n'a plus qu'un seul mot ..... liberté!
Eh! que dire aux enfants ou de Sparte ou d'Athènes?
Ce ciel, ces monts, ces flots, voilà vos Démosthènes!
Partout où l'œil se porte, où s'impriment les pas,
Le sol sacré raconte un triomphe, un trépas;
De Leuctre à Marathon tout vous répond, tout crie :
Vengeance, liberté, gloire, vertu, patrie!
Ces voix que les tyrans ne peuvent étouffer,
Ne vous demandent pas des discours, mais du fer!
Le voilà! prenez donc! armez-vous! que la terre
Du sang de ses bourreaux enfin se désaltère!

Si le glaive jamais tremblait dans votre main,
Souvenez-vous d'hier et songez à demain !
Pour confondre le lâche et raffermir les braves,
Le seul bruit de leurs fers suffit à des esclaves.
Moi, pour prix du trésor que je viens vous offrir,
Je ne demande rien que le droit de mourir,
De verser avec vous sur les champs de carnage
Un sang bouillant de gloire et digne d'un autre âge,
Et de voir, en mourant, mon génie adopté
Par les fils de la Grèce et de la liberté.

(LAMARTINE.)

SECTION II.

De la véhémence.

Qu'est-ce que la véhémence ?

La véhémence donne à l'expression l'impétuo-sité, la rapidité des pensées, des sentiments qui se partagent et agitent violemment notre âme.

Que de véhémence dans le discours que Virgile met dans la bouche de Nisus, lorsqu'il essaie d'arracher à une mort imminente Euryale, son ami :

Moi, c'est moi ! sur moi seul il faut porter vos coups ;
Cet enfant n'a rien fait, n'a rien pu contre vous ;
Arrêtez ! me voici, voici votre victime ;
Épargnez l'innocence, et punissez le crime.
Hélas ! il aima trop un ami malheureux ;
Voilà tout son forfait, j'en atteste les dieux !

(DELILLE.)

SECTION III.

De la magnificence.

1. Qu'est-ce qui constitue la magnificence ? — Quel en est l'écueil ?

1. La grandeur, la pompe, la dignité, la richesse dans les pensées, les sentiments, les images constituent la magnificence du style. Telle est cette image de David :

« L'éternel a abaissé les cieux, et il est descen-
» du : les nuages étaient sous ses pieds. Assis
» sur les chérubins, il a pris son vol; et son vol a
» devancé les ailes des vents. »

(Ps. XVII, v. 10 TRAD. PAR LE CLERC.)

La magnificence fait aussi la beauté des vers suivants :

Osias n'était plus : Dieu m'apparut; je vis
Adonaï vêtu de gloire et d'épouvante;
Les bords éblouissants de sa robe flottante
    Remplissaient le sacré parvis.

Des séraphins, debout sur des marches d'ivoire,
Se voilaient devant lui de six ailes de feux;
Volant de l'un à l'autre, ils se disaient entre eux :
« Saint, saint, saint, le seigneur, le Dieu, le roi des cieux!
» Toute la terre est pleine de sa gloire! »
Du temple à ces accents la voûte s'ébranla,
Adonaï s'enfuit sous la nue enflammée;
Le saint lieu fut rempli de torrents de fumée;
    La terre sous mes pieds trembla.

(LAMARTINE.)

2. L'écueil de la magnificence est l'enflure, qui, pour exprimer une idée faible ou fausse, déploie toutes les pompes de l'éloquence. On évitera cet écueil en appropriant le style à la nature des pensées et des sentiments.

Ce précepte de la convenance n'a pas toujours été suivi par nos grands écrivains.

Malherbe, lui-même, l'a méconnu dans les vers suivants sur la *Pénitence de Saint-Pierre* :

C'est alors que ses cris en tonnerres éclatent;
Ses soupirs se font vents qui les chênes combattent;
Et ses pleurs, qui tantôt descendaient mollement,
Ressemblent un torrent qui, du haut des montagnes,
Ravageant et noyant les voisines campagnes,
Veut que tout l'univers ne soit qu'un élément.

SECTION IV.

Du sublime proprement dit.

Faut-il confondre le style sublime avec le sublime proprement dit ?

Il ne faut pas confondre le style sublime avec le *sublime proprement dit*. Le style sublime fait usage de ce que l'éloquence a de plus capable de frapper les esprits, des pensées les plus nobles, des images les plus vives, des sentiments les plus énergiques rendus par les expressions les plus harmonieuses; mais le sublime, dit Longin, est ce qui

ravit, transporte et produit en nous une certaine
admiration mêlée d'étonnement et de surprise.
Quand le sublime éclate à propos, dit ce rhéteur,
il renverse tout comme la foudre, et présente toutes les forces de l'orateur ramassées ensemble.

« Tout ce qui porte une idée au plus haut degré possible d'étendue et d'élévation, dit Marmontel, tout ce qui se saisit de notre âme, et l'affecte
si vivement que sa sensibilité réunie en un point
laisse toutes ses facultés comme interdites et sus-
pendues; tout cela, soit qu'il opère successivement
ou subitement, est *sublime* dans les choses; et le
seul mérite du style est de ne pas les affaiblir, de
ne pas nuire à l'effet qu'elles produiraient seules,
si les âmes se communiquaient sans l'entremise
de la parole. »

Ce qui distingue encore le sublime proprement
dit du style sublime, c'est qu'il n'a pas besoin
comme celui-ci des ornements du langage. Car, il
peut se trouver dans un seul mot, bien plus, dans
le silence même.

L'exemple suivant fera mieux saisir cette différence :

> J'ai vu l'impie adoré sur la terre;
> Pareil au cèdre il cachait dans les cieux
>   Son front audacieux ;
> Il semblait à son gré gouverner le tonnerre;

Foulait aux pieds ses ennemis vaincus :
Je n'ai fait que passer, il n'était déjà plus.

C'est la grandeur des pensées, la richesse des termes et la beauté des images que l'on admire dans les cinq premiers vers; ils sont du style élevé. Le dernier seul offre une idée sublime, bien qu'exprimée avec la plus grande simplicité.

—

SECTION V.

Des différentes sortes de Sublime.

D'où peut naître le Sublime et combien en compte-t-on de sortes?

Le sublime peut naître de trois sources : des images, des pensées et des sentiments.

On en compte donc trois sortes : le sublime des *images,* des *pensées,* et celui des *sentiments.*

1. — Sublime d'images.

Qu'est-ce que le sublime d'images? Citez-en des exemples.

L'image sublime est le tableau vrai, animé, vivant d'un objet, d'un acte dont la grandeur nous transporte de surprise et d'admiration. Telle est cette image de Racine dans les vers suivants, où il peint la puissance divine :

L'Éternel est son nom, le monde est son ouvrage.
Il entend les soupirs de l'humble qu'on outrage,
Juge tous les mortels avec d'égales lois,
Et du haut de son trône interroge les rois.
Des plus fermes États la chute épouvantable,
Quand il veut, n'est qu'un jeu de sa main redoutable.

Et ailleurs :

Et quel besoin son bras a-t-il de nos secours?
Que peuvent contre lui tous les rois de la terre?
En vain ils s'uniraient pour lui faire la guerre;
Pour dissiper leur ligue, il n'a qu'à se montrer :
Il parle, et dans la poudre il les fait tous rentrer.
Au seul son de sa voix la mer fuit, le ciel tremble :
Il voit comme un néant tout l'univers ensemble;
Et les faibles mortels, vains jouets du trépas,
Sont tous devant ses yeux, comme s'ils n'étaient pas.

L'Écriture sainte abonde en ce genre de sublime : quelle image dans ces paroles du prophète royal, lorsqu'il parle de la mer rouge qui s'entrouvre à la voix de Moïse pour laisser passer à pied sec le peuple de Dieu :

« La mer le vit et s'enfuit. »

Qui peindrait mieux que David l'Éternel soulevant et apaisant les tempêtes?

« Il parle; les vents accourent, les flots de la mer s'élèvent. »

« Il change l'aquilon en zéphir, et les flots se taisent. »

2. — *Sublime de pensée.*

1. En quoi consiste le sublime de pensée? — 2. La pensée sublime demande-t-elle que le style soit sublime?

1. Le sublime de pensée consiste à exprimer avec concision la justesse, la grandeur d'une idée qui élève l'âme au-dessus de ce qu'elle avait jusque là conçu de noble et de beau.

Moïse, dans le récit de la création, en donne ce magnifique exemple :

« Dieu dit : que la lumière soit , et la lumière fut. »

Quelle peinture de la toute-puissance divine qui d'un seul mot féconde le néant !

Celui de Massillon dans l'exorde de l'oraison funèbre de Louis XIV n'est pas moins remarquable :

« Dieu seul est grand, mes frères ! »

C'est un beau mot que celui là , prononcé en regardant le cercueil de Louis-le-Grand, dit l'immortel auteur du *Génie du christianisme.*

Voltaire n'est pas moins heureux , lorsqu'il peint la fragilité des créatures :

Cet insecte insensible enseveli sous l'herbe,
Cet aigle audacieux qui plane au haut du ciel,
Rentrent dans le néant aux yeux de l'Éternel.

Puis il ajoute :

Les mortels sont égaux; ce n'est point la naissance,
C'est la seule vertu qui fait leur différence;
Il est de ces mortels favorisés des cieux,
Qui sont tout par eux-mêmes, et rien par leurs aïeux.

2. La pensée sublime ne demande pas que le style qui la traduit s'élève à son degré de force et de hauteur. Car, plus simple sera l'expression, et plus vite et mieux sa sublimité éclatera. Qu'aurait ajouté, en effet, la richesse et l'énergie des termes à cette réponse de Brutus à l'ambassadeur de Porsenna :

Reportez-lui la guerre, et dites à Tarquin
Ce que vous avez vu dans le sénat romain.

3. — *Sublime de sentiment.*

1. Qu'est-ce qui constitue le sublime du sentiment? Citez-en des exemples.

1. Le saisissement rapide et solennel d'une émotion profonde et au-dessus de notre nature constitue le sublime du sentiment. Telle est la réponse de Porus à Alexandre dans les vers suivants:

Votre fierté, Porus, ne se peut abaisser ;
Jusqu'au dernier soupir vous m'osez menacer ;
En effet, ma victoire en doit être alarmée;
Votre nom peut encore plus que toute une armée;
Je dois m'en garantir. Parlez-donc, dites-moi
Comment prétendez-vous que je vous traite?

PORUS.

En roi.

Joad, averti par son ami Abner des projets criminels d'Athalie et de l'imminence du danger qui le menace, lui répond sans s'émouvoir :

Celui qui met un frein à la fureur des flots,
Sait aussi des méchants arrêter les complots.
Soumis avec respect à sa volonté sainte ,
Je crains Dieu, cher Abner, et n'ai point d'autre crainte.

N'est-ce pas là le sublime de la confiance dans le secours divin?

Nous ne pouvons terminer ces quelques mots sur le sublime sans parler du *qu'il mourût* d'Horace et du *moi* de Médée.

On annonce au vieil Horace que deux de ses fils sont morts en combattant vaillamment, et que le troisième a pris la fuite, redoutant les chances d'une lutte inégale. Il refuse d'abord de croire à cette ignominie :

Non, non, cela n'est point; on vous trompe, Julie.
Rome n'est point sujette, ou mon fils est sans vie.
Je connais mieux son sang, il sait mieux son devoir.

Mais, plus de doute, son fils, trop faible contre les trois Curiaces ses adversaires, a lâchement déserté la cause de la patrie. Il oublie aussitôt qu'il est père, se souvient seulement qu'il est citoyen romain, et s'écrie dans son indignation :

Et nos soldats trahis ne l'ont point achevé !

Ce ne sont plus ses frères que Camille doit pleurer, mais la fuite honteuse qui flétrit à jamais l'honneur de sa famille :

HORACE.

. . . . Tout beau ; ne les pleurez pas tous;
Deux jouissent d'un sort dont leur père est jaloux.
Que des plus nobles fleurs leur tombe soit couverte;
La gloire de leur mort m'a payé de leur perte....
Pleurez l'autre, pleurez l'irréparable affront
Que sa fuite honteuse imprime à notre front;
Pleurez le déshonneur de toute notre race
Et l'opprobre éternel qu'il laisse au nom d'Horace.

JULIE.

Que vouliez-vous qu'il fît contre trois.

HORACE.

Qu'il mourût.

Voilà, dit Voltaire, ce fameux *qu'il mourût*, ce trait du plus grand sublime, ce mot auquel il n'en est aucun de comparable dans toute l'antiquité.

Médée, pressée de tous côtés par ses ennemis, sent avec leur nombre grandir son courage. Elle saura bien, dit-elle à sa confidente, les faire rentrer dans le devoir et en tirer une vengeance éclatante :

Perdez l'aveugle espoir dont vous êtes séduite,
Pour voir en quel état le sort vous a réduite :

'Votre pays vous hait; votre époux est sans foi.
Contre tant d'ennemis que vous reste-t-il ?

MÉDÉE.

Moi ;

Moi, dis-je, et c'est assez.

Que Médée eût répété : *mon art est mon ouvrage*, cela serait noble. Qu'elle dise simplement *moi;* voilà du grand, mais ce n'est point encore du sublime; mais quand elle répète : *moi, dis-je, et c'est assez,* ce n'est plus une réponse vive, c'est la réflexion éclairée et tranquille au milieu de la violence. Dans le premier *moi,* on ne voit encore que l'homicide audacieuse. Dans le second *moi,* on ne voit plus que son courage et la puissance de son art; ce qu'il y a d'odieux a disparu ; Médée redevient elle-même ; on réfléchit avec elle et l'on conclut avec elle : *c'est assez.* Voilà le sublime. Boileau, en cela, suivi par plusieurs critiques, fait consister le sublime de la réponse de Médée dans le seul monosyllabe *moi* (1).

CHAPITRE VII.

De la phrase. — De la période.

—

SECTION PREMIÈRE.

De la phrase.

1. Qu'est-ce que la phrase? — 2. Combien y en a -t-

(1) Tissot.

il de sortes ? — 3. Qu'est-ce que la phrase simple ? — 4. Quand est-elle complexe ?.

1. La phrase est définie par le Dictionnaire de l'Académie : une réunion de mots formant un sens complet.

2. Il y en a de deux sortes : la phrase simple et la phrase complexe.

3. La phrase simple est celle qui n'exprime qu'un jugement. Nous en trouvons un exemple dans cette maxime de La Rochefoucauld :

« L'esprit est souvent la dupe du cœur. »

4. La phrase est complexe lorsqu'elle renferme plusieurs propositions que l'on ne peut désunir sans altérer et quelquefois même sans détruire l'intégrité de la pensée. Telles sont les phrases suivantes :

« Quelque découverte qu'on ait faite dans le
» pays de l'amour-propre, il y reste encore bien
» des terres inconnues. »

« Ce qui fait que peu de personnes sont agré-
» ables dans la conversation, c'est que chacun
» songe plus à ce qu'il a dessein de dire qu'à ce
» que les autres disent, et que l'on n'écoute
» guère, quand on a envie de parler. »

« Les hommes, dit La Bruyère, agissent mollement dans les choses de leur devoir, pendant

qu'ils se font un mérite, ou plutôt une vanité, de s'empresser pour celles qui leur sont étrangères et qui ne conviennent ni à leur état ni à leur caractère. »

Elles renferment plusieurs propositions, mais tellement liées les unes aux autres que la disparition d'une seule nuirait au sens qu'elles expriment.

—

SECTION II.

De la période.

1. Qu'est-ce que la période? — 2. De combien de parties peut-elle se composer? — 3. Qu'appelle-t-on membre de la période? — 4. Combien peut-elle en renfermer?—5. Comment se nomme une période de quatre membres ? — 6. Qu'est-ce que l'incise ? — 7. Qu'est-ce que le style périodique et à quels sujets convient-il ? — 8. Qu'est-ce que le style coupé et à quels sujets convient-il?— 9. Quel est le genre qui doit être le plus fréquemment employé? — 10. Que demande la disposition des membres de la période ?

1. La période est une suite de phrases concourant à former un sens complet.

2. Elle peut se composer de deux parties, du membre et de l'incise.

3. On appelle membre de la période chacune de ses propositions essentielles prise isolément.

4. La période doit avoir au moins deux membres; elle peut en compter trois, quatre, cinq même; toutefois cette dernière espèce est très-rare et ne doit pas être prodiguée.

5. Une période de quatre membres se nomme *carrée*.

1. — *Périodes à deux membres.*

« Des milliers d'hommes meurent et sont aus-
» sitôt remplacés (1er); mais la mort d'un grand
» homme laisse un vide dans l'univers, et la na-
» ture est des siècles à le remplir (2me). »

(Thomas, Eloge de d'Aguesseau.)

« Infortunés mortels ! cherchez votre bonheur
» dans la vertu (1er) , et vous n'aurez point à
» vous plaindre de la nature (2me). »

(Bernardin de Saint-Pierre, Étud. de la Nat.)

2. — *Périodes à trois membres.*

« Puissiez-vous seulement reconnaître la jus-
» tice de nos armes (1er); recevoir la paix que,
» malgré vos pertes, vous avez tant de fois refu-
» sée (2e); et dans l'abondance de larmes étein-
» dre les feux d'une guerre que vous avez mal-
» heureusement allumée (3e)! »

(Fléchier.)

« S'il y a une occasion au monde où l'âme
» pleine d'elle-même soit en danger d'oublier son
» Dieu (1er); c'est dans ces postes éclatans où
» un homme, par la sagesse de sa conduite, par
» la grandeur de son courage, par le nombre de

» ses soldats, devient comme le Dieu des autres
» hommes (2ᵉ); et rempli de gloire en lui-même,
» remplit tout le reste du monde d'admiration,
» d'amour et de frayeur (3ᵉ). »

(MASCARON, ORAIS. FUNÈBRE DE TURENNE.)

3. — *Périodes à quatre membres.*

« Celui qui a la conscience d'avoir bien méri-
» té de son pays, et surtout de lui être encore
» utile (1er); celui que ne rassasie pas une vaine
» célébrité, et qui dédaigne les succès d'un jour,
» pour la véritable gloire (2ᵉ); celui qui veut di-
» re la vérité, qui veut faire le bien public, indé-
» pendamment des mobiles mouvements de l'opi-
» nion populaire (3ᵉ); cet homme porte avec lui
» la récompense de ses services, le charme de ses
» peines et le prix de ses dangers (4ᵉ). »

(MIRABEAU.)

« Comme une colonne, dont la masse solide
» paraît le plus ferme appui d'un temple ruineux
» (1er); lorsque ce grand édifice, qu'elle soute-
» nait, fond sur elle, sans l'abattre (2ᵉ); ainsi,
» la reine se montre le ferme soutien de l'État
» (3ᵉ); lorsqu'après en avoir longtemps porté
» le faix, elle n'est pas même courbée sous sa
» chute (4ᵉ). »

(BOSSUET.)

4. — *Période à cinq membres.*

Tel est ce portrait de Bossuet :

« Soit que tu racontes les renversements des
» États, et que tu pénètres dans les causes pro-
» fondes des révolutions (1er); soit que tu ver-
» ses des pleurs sur une jeune femme mourante
» au milieu des pompes et des dangers de la cour
» (2ᵉ); soit que ton âme s'élance avec celle de
» Condé, et partage l'ardeur qu'elle décrit (3ᵉ);
» soit que, dans l'impétueuse richesse de tes
» sermons à demi préparés, tu saisisses, tu en-
» traînes toutes les vérités de la morale et de la
» religion (4ᵉ); partout tu agrandis la parole
» humaine, tu surpasses l'orateur antique, tu
» ne lui ressembles pas (5ᵉ). »

(VILLEMAIN.)

6. L'incise est une subdivision non essentielle
de la période; elle donne plus de force et d'extension au membre qui la renferme. On en trouve
une dans chaque membre de la phrase suivante :

« A peine Télémaque eut-il dit ces paroles
entremêlées de soupirs, — que toute l'armée
poussa un cri; — On s'attendrissait sur Hippias,
— dont on racontait les grandes actions, — et
la douleur de sa mort rappelant toutes ses bonnes
qualités, — faisait oublier les défauts qu'une jeu-

nesse impétueuse et une mauvaise éducation lui
avaient donnés. »

7. Le style périodique est celui où les périodes
abondent.

Il convient aux sujets importants, aux discours
qui ne s'adressent pas directement aux passions,
au panégyrique, à l'oraison funèbre, au genre ju-
diciaire, où pourtant il ne doit pas dominer, et en
général à l'amplification. L'art peut alors se montrer sans craindre d'altérer le mérite de l'auteur;
car, comme le dit Cicéron, l'auditeur, n'ayant
point à redouter qu'on tende un piége à sa bonne
foi, sait gré à celui qui parle des charmes de son
langage.

Le passage suivant de Bossuet nous offre un
magnifique exemple de style périodique :

« Vous verrez dans une seule vie toutes les ex-
» trémités des choses humaines : la félicité sans
» bornes aussi bien que les misères; une longue
» et paisible jouissance d'une des plus nobles cou-
» ronnes de l'univers; tout ce que peuvent donner
» de plus glorieux la naissance et la grandeur
» accumulé sur une tête qui ensuite est exposée
» à tous les outrages de la fortune ; la bonne
» cause d'abord suivie de bons succès, et de-
» puis, des retours soudains , des changemens

» inouïs; la rébellion longtemps retenue, à la fin
» tout-à-fait maîtresse; nul frein à la licence ;
» les lois abolies ; la majesté violée par des
» attentats jusqu'alors inconnus ; l'usurpation
» et la tyrannie sous le nom de liberté ; une
» reine fugitive , qui ne trouve aucune re-
» traite dans les trois royaumes , et à qui sa
« propre patrie n'est plus qu'un triste lieu
» d'exil; neuf voyages sur mer, entrepris par une
» princesse malgré les tempêtes; l'Océan étonné
» de se voir traversé tant de fois en des appareils
» si divers et pour des causes si différentes ; un
» trône indignement renversé, et miraculeuse-
» ment rétabli. »

Le style coupé est une série de phrases courtes,
ayant chacune une existence à elle , sans liaison
nécessaire avec celles qui la précèdent ou qui la
suivent. En voici un exemple :

« Peu s'en faut que je n'interrompe ici mon
» discours...., je me trouble, Messieurs...., Tu-
» renne meurt..., tout se confond..., la for-
» tune chancelle...., la victoire se lasse...., la
» paix s'éloigne...., les bonnes intentions des al-
» liés se ralentissent..., le courage des troupes
» est abattu par la douleur et ranimé par la ven-
» geance...., tout le camp demeure immobile. »
(FLÉCHIER, ORAIS. FUNÈB. DE TURENNE.)

Le style coupé s'emploie dans l'énumération, la gradation, les descriptions animées, et, en général, il est l'expression des mouvements passionnés de l'âme.

9. Le style périodique a plus d'élévation mais moins de vivacité que le style coupé. On doit les employer tous deux alternativement selon que la matière l'exige. D'après Cicéron, c'est du style coupé que l'on doit se servir plus souvent comme étant plus approprié à la faiblesse des organes et des facultés de l'orateur et de l'auditoire. Il ne faut pas toujours, dit-il, tracer une succession continue de développements, mais quelquefois distribuer les discours en sections peu étendues, en observant toutefois que ces subdivisions doivent être unies par un lien harmonique.

10. La disposition des membres de la période demande beaucoup d'art. La première règle est de les placer, sous le rapport des idées, dans un ordre progressif; et sous le rapport des mots, de leur donner une proportion qui plaise à l'oreille. Pour satisfaire l'esprit, la période doit présenter les idées dans une série ascendante; et pour satisfaire l'oreille, elle établira entre les phrases un rapport qui, sans amener la symétrie, produira un rhythme harmonieux. Sur ce dernier point, les rè-

gles demanderaient, pour être exactes, des détails infinis. Comme l'oreille est le juge suprême en cette matière, le meilleur conseil à donner, c'est d'étudier les bons écrivains pour se familiariser avec les formes du style harmonieux, et pour y surprendre les secrets du rhythme périodique. La lecture de Massillon, de Fléchier, de Buffon, en apprendra plus aux hommes de goût que tous les préceptes des rhéteurs, sur l'étendue des phrases et la quantité des syllabes finales. On verra, dans ces écrivains, que le rapport naturel des propositions et la variété des coupes sont les seules lois qu'ils s'imposent et que le goût leur indique, selon l'occasion, la place des mots et le rapport des membres de la période (1).

CHAPITRE VIII.

De l'harmonie.

1. En quoi consiste l'harmonie? — 2. Quelle est son importance?— 3. Combien y a-t-il de sortes d'harmonie ?

1. L'harmonie consiste dans l'heureuse combinaison de phrases et de termes choisis.

(1) Gérusez.

Cette qualité n'est pas la moins précieuse du style : elle frappe, en effet, agréablement l'oreille et donne par suite plus de force à la pensée. Voltaire a dit avec raison :

> D'une mesure cadencée
> Je connais le charme enchanteur;
> L'oreille est le chemin du cœur;
> L'harmonie et son bruit flatteur
> Sont l'ornement de la pensée.

2. Son importance a été aussi reconnue par tous les rhéteurs de l'antiquité. L'harmonie, dit Cicéron, produit des effets si surprenants, que je ne comprends pas qu'on puisse être homme et n'en pas sentir le pouvoir. Pour moi, j'avoue que j'en suis ravi : mon oreille aime un discours plein et nombreux: elle veut des phrases bien cadencées et parfaitement arrondies : lorsqu'il y manque quelque chose, ou lorsqu'il y a du superflu, elle en est aussitôt choquée. Mais qu'est-il besoin de parler de moi? Combien de fois a-t-on vu les assemblées du peuple, transportées d'admiration à la chûte de périodes harmonieuses, témoigner leur satisfaction par des acclamations unanimes? tant les hommes sont naturellement sensibles aux charmes de l'harmonie.

3. Il y a deux sortes d'harmonie : l'harmonie *mécanique*, et l'harmonie *imitative*.

SECTION PREMIÈRE.

De l'harmonie mécanique.

D'où résulte l'harmonie mécanique? — 2. Quel est le moyen de l'atteindre? — 3. Qu'est-ce que l'hiatus ?

1. L'harmonie mécanique résulte de l'emploi et de l'arrangement convenable de mots, dont l'articulation facile et sonore produit un son agréable à l'oreille.

C'est d'elle que Boileau parle, lorsqu'il dit :

Il est un heureux choix de mots harmonieux :
Fuyez des mauvais sons le concours odieux.
                                   (ART. POÉT.)

Quelquefois la pensée ne saurait être fidèlement traduite que par des termes peu conformes aux lois de l'euphonie. L'écrivain s'efforcera alors de les adoucir en les plaçant heureusement dans la phrase.

2. Pour atteindre cette espèce d'harmonie, on doit rejeter du discours les mots privés de douceur, les monosyllabes, la similitude des désinences et enfin entremêler, autant que possible, les consonnes et les voyelles. On évitera ainsi la rudesse du style et l'hiatus.

3. L'hiatus est la rencontre désagréable de deux voyelles; sa répétition produit ce que l'on appelle *cacophonie*.

Proscrit toujours de la poésie, il est toléré en prose; l'emploi néanmoins doit en être restreint, rien ne rendant la prononciation plus pénible et le discours plus traînant. Pour l'éviter, l'usage bien souvent s'est affranchi même des exigences de la langue. Car, comme le dit Crevier, l'harmonie ou la douceur de la prononciation est un goût populaire; et dans notre langue comme dans toutes les autres langues polies, la coutume universellement reçue a obligé la règle du langage de fléchir sous la loi de l'agrément. Nous devrions dire *ma âme, ma épée,* comme nous disons *ma main, ma bravoure.* Ce concours des deux voyelles produit un son qui nous a déplu. Pour l'éviter nous faisons un solécisme et nous disons *mon âme,* comme *mon cerveau.* Par la même raison nous insérons quelquefois une lettre superflue entre les voyelles qui se heurteraient, et nous disons: *a-t-il, viendra-t-il,* au lieu de dire: *a-il, viendra-il.* D'autres fois nous supprimons une lettre et nous disons: *l'âme* pour *la âme, l'honneur* pour *le honneur, qu'est devenu* pour *que est devenu.* L'élision de l'*e* muet final avant une autre voyelle quelconque est parmi nous une règle générale, et si nous l'exprimons souvent dans l'écriture, nous le retranchons toujours dans la prononciation.

Bossuet et Fléchier auraient facilement évité les hiatus suivants :

Le premier a dit : « Il *condamna à un* supplice rigoureux *et à un* silence éternel, etc. » Chez le second on lit : « S'il ne dédaigna pas de juger ce qu'il a *créé et encore*, etc. »

Ces remarques, qui n'ôtent rien à la noblesse et à la pompe du style de ces deux orateurs, ne paraîtront pas trop minutieuses, si l'on considère que rien n'est plus capable de ternir l'éclat du discours que la cacophonie. (1)

Que d'harmonie dans ces vers de **Fontanes** ! Pas un mot dont la prononciation ne soit facile, pas un qui blesse le plus légèrement l'oreille :

O moment solennel! ce peuple prosterné;
Ce temple dont la mousse a couvert les portiques;
Ses vieux murs, son jour sombre et ses vitraux gothi-
Cette lampe d'airain, qui, dans l'antiquité, [ques;]
Symbole du soleil et de l'éternité,
Luit devant le Très-Haut, jour et nuit suspendue;
La majesté d'un Dieu parmi nous descendue;
Les pleurs, les vœux, l'encens qui monte vers l'autel;
Et de jeunes beautés, qui, sous l'œil maternel,
Adoucissent encor, par leur voix innocente,
De la religion la pompe attendrissante;
Cet orgue qui se tait, ce silence pieux,
L'invisible union de la terre et des cieux,

(1). D'Arnouville.

Tout enflamme, agrandit, émeut l'homme sensible :
Il croit avoir franchi ce monde inaccessible
Où, sur des harpes d'or, l'immortel séraphin
Aux pieds de Jéhova chante l'hymne sans fin.

Le passage suivant de Fléchier nous offre encore un magnifique exemple du choix et de l'arrangement des mots :

« Au premier bruit de ce funeste accident, (la
» mort de Judas Machabée) toutes les villes de
» Judée furent émues; des ruisseaux de larmes
» coulèrent des yeux de tous les habitants. Ils fu-
» rent quelque temps saisis, muets, immobiles.
» Un effort de douleur rompant enfin ce morne
» silence, d'une voix entrecoupée de sanglots que
» formaient dans leur cœur la tristesse, la pitié,
» la crainte, ils s'écrièrent : comment est mort
» cet homme puissant qui sauvait le peuple d'Is-
» raël? A ces cris, Jérusalem redoubla ses pleurs,
» les voûtes du temple s'ébranlèrent, le Jourdain
» se troubla, et tous ses rivages retentirent du
» son de ces lugubres paroles : comment est
» mort cet homme puissant qui sauvait le peuple
» d'Israël? »

SECTION II.

De l'harmonie imitative.

1. Qu'est-ce que l'harmonie imitative? — 2. Combien y en a-t-il de sortes? — 3. Qu'est-ce que l'har-

monie imitative par onomatopée? — 4. Qu'est-ce que l'harmonie imitative par rhythme?

1. L'harmonie imitative est la reproduction fidèle et sensible d'une idée, d'un objet par le son ou l'arrangement des termes. Elle contribue à la force et à la couleur du langage où elle ne se trouve que lorsque la nature du sujet s'y prête.

2. Il y a deux sortes d'harmonie imitative : l'harmonie imitative par *onomatopée*, et l'harmonie imitative par *rhythme*.

3. L'harmonie imitative par onomatopée se sert des mots dont le son a le plus de rapports avec celui des objets que l'on veut peindre. Telle est celle que l'on remarque dans ces deux vers de Delille sur l'industrie de l'homme :

J'entends le lourd marteau retentir sur l'enclume,
Il fait crier la lime, il fait siffler l'essieu.

On entend de véritables sifflements dans ce vers de Racine :

Pour qui sont ces serpents qui sifflent sur vos têtes?

Le bruit de l'essieu d'un char qui se brise, dans celui-ci :

L'essieu crie et se rompt.

Et le vent dans ceux où La Fontaine dit en parlant de Borée qu'il

Se gorge de vapeurs, s'enfle comme un ballon,

Fait un vacarme de démon,
Siffle, souffle, tempête.....

Nous citerons encore comme un modèle d'harmonie imitative la description de l'orage, extraite
du poème des *Quatre saisons* :

On voit à l'horizon, des deux points opposés,
Des nuages monter dans les airs embrasés :
On les voit s'épaissir, s'élever et s'étendre.
D'un tonnerre éloigné le bruit s'est fait entendre;
Les flots en ont frémi, l'air en est ébranlé,
Et le long du vallon le feuillage a tremblé.
Les monts ont prolongé ce lugubre murmure,
Dont le son lent et sourd attriste la nature.
Des monts et des rochers le vaste amphithéâtre
Disparait tout-à-coup sous un voile grisâtre.
Le nuage élargi les couvre de ses flancs;
Il pèse sur les airs tranquilles et brûlants.
Mais des traits enflammés ont sillonné la nue,
Et la foudre en grondant roule dans l'étendue.
Elle redouble, vole, éclate dans les airs.

(SAINT-LAMBERT, CH. 11.)

Ce genre d'harmonie n'appartient pas seulement à la poésie; il peut, même avec succès,
être employé en prose. Nous en trouvons une
preuve dans les exemples suivants :

« Bientôt des tonnerres affreux firent retentir
» de leur éclats les bois, les plaines et les val-
» lons; des pluies épouvantables, semblables à
» des cataractes, tombèrent du ciel. Des torrents

» écumeux se précipitaient le long des flancs de
» cette montagne, le fond de ce bassin était de-
» venu une mer. »

(BERNARDIN DE ST-PIERRE, PAUL ET VIRG.)

« Satan arrive au pied de sa royale demeure.
» Les trois gardes du palais se lèvent et laissent
» le marteau d'airain retomber avec un bruit lu-
» gubre sur la porte d'airain. »

(CHATEAUBRIAND.)

« Le rauque son de la trompette du Tartare
» appelle les habitants des ombres éternelles; les
» noires cavernes en sont ébranlées, et le bruit,
» d'abîme en abîme, roule et retombe. »

(LE MÊME.)

« La lame se lève, elle approche, elle se brise;
» on entend le gouvernail tourner avec effort sur
» ses gonds rouillés. »

(LE MÊME.)

4. L'harmonie imitative par rhythme consiste
à donner à la phrase le nombre qui s'accorde le
mieux avec les pensées ou les objets que l'on veut
représenter.

C'est le nombre qui peint la rapidité dans le
vers suivant de Boileau :

Le chagrin monte en croupe et galope avec lui.

La paresse et l'indolence des rois fainéants dans ceux-ci :

Aucun soin n'approchait de leur paisible cour;
On reposait la nuit, on dormait tout le jour.
Seulement au printemps, quand Flore dans les plaines
Faisait taire des vents les bruyantes haleines,
Quatre bœufs attelés, d'un pas tranquille et lent,
Promenaient dans Paris le monarque indolent.

(*Lutrin.*)

L'effort et la fatigue de l'attelage dans ce passage de La Fontaine :

Dans un chemin montant, sablonneux, malaisé,
Et de tous les côtés au soleil exposé,
    Six forts chevaux tiraient un coche.
Femmes, moines, vieillards, tout était descendu;
L'attelage suait, soufflait, était rendu.

(*Le Coche et la Mouche.*)

Quand Bossuet s'écrie, en parlant du prince de Condé :

« Le voyez-vous, comme il vole ou à la victoi-
» re ou à la mort! Aussitôt qu'il eût porté de
» rang en rang l'ardeur dont il était animé, on le
» vit presqu'en même temps pousser l'aile droite
» des ennemis, soutenir la nôtre ébranlée, ral-
» lier les Français à demi-vaincus, mettre en fui-
» te l'Espagnol victorieux, porter partout la ter-
» reur, et étonner de ses regards étincelants ceux
» qui échappaient à ses coups. Restait cette re-

» doutable infanterie de l'armée d'Espagne, dont
» les gros bataillons serrés, semblables à autant
» de tours qui sauraient réparer leurs brèches,
» demeuraient inébranlables au milieu de tout le
» reste en déroute.... »

Il emploie tour-à-tour les nombres qui conviennent le mieux à la nature des pensées qu'il exprime. Parlant d'abord des nombreuses victoires de Condé, on dirait qu'il s'applique à donner à son style la rapidité même des conquêtes du héros. Tout-à-coup le rhythme change; sa marche se ralentit; c'est qu'un obstacle menace d'arrêter le cours des succès du Prince.

Nous terminerons par les vers suivants de Du Resnel traduits de Pope et imités par Delille où l'exemple se trouve réuni aux préceptes sur l'harmonie :

Que le style soit doux, lorsqu'un tendre zéphire
A travers les forêts s'insinue et soupire;
Qu'il coule avec lenteur, quand de petits ruisseaux
Traînent languissamment leurs gémissantes eaux;
Mais le ciel en fureur, la mer pleine de rage,
Font-ils d'uu bruit affreux retentir le rivage?
Le vers comme un torrent en grondant doit marcher.
Qu'Ajax soulève et lance un énorme rocher,
Le vers appesanti tombe avec cette masse.
Voyez-vous, des épis effleurant la surface,

Camille dans un champ, qui court, vole et fend l'air?
Le style suit Camille et part comme un éclair.

(Du Resnel.)

Peins-moi légèrement l'amant léger de Flore;
Qu'un doux ruisseau murmure en vers plus doux en-
Entend-on de la mer les ondes bouillonner?   [core.]
Le vers comme un torrent en roulant doit tonner.
Qu'Ajax soulève un roc et le lance avec peine;
Chaque syllabe est lourde et chaque mot se traine :
Mais vois d'un pied léger Camille effleurer l'eau;
Le vers vole et la suit aussi prompt que l'oiseau.

(Delille.)

CHAPITRE IX.

Du style figuré et des figures.

1. Dans combien de sens un mot peut-il être pris?—
2. Dans quel cas un mot est-il pris dans le sens propre?
— 3. Quand est-il employé dans le sens figuré? — 4.
Qu'appelle-t-on style figuré? — 5. Qu'est-ce que les figures? — 6. Qu'elle est leur origine? — 7. Combien
distingue-t-on de classes de figures? — 8. En quoi
consistent les figures de mots? — 9. Combien y a-t-il
de sortes de figures de mots? — 10. Quelle différence
y a-t-il entre les figures de pensées et les figures de
mots?

1. Un mot peut être pris dans deux sens : le
sens propre et le sens figuré.

2. Un mot est pris dans le sens propre lors-

qu'il traduit naturellement l'idée qui lui a donné naissance. En voici des exemples : *Le feu de ton foyer est ardent, la lumière nous éclaire, la chaleur de la flamme, les rayons du soleil;* tous ces mots-là sont dans le sens propre.

3. Un mot est pris dans le sens figuré, lorsque, détourné de son acception primitive, il sert à exprimer une idée, une image, un sentiment avec lesquels il n'a que des rapports plus ou moins éloignés. Telle est la signification des termes suivants : *Le feu de vos yeux, le feu de l'imagination, la lumière de l'esprit, la clarté du discours, la chaleur du combat, un rayon d'espérance.*

4. On appelle style figuré celui où les figures sont fréquemment employées.

5. Les figures sont certaines formes du langage qui rendent plus gracieuse, plus forte, plus vivante et plus sensible l'expression d'une pensée ou d'un mouvement de l'âme.

Ces ornements du style résultent soit de l'extension ou de la diminution de l'idée elle-même, soit d'une comparaison qui se fait naturellement dans l'esprit, soit enfin d'un arrangement particulier de la phrase.

On ne saurait voir de figure dans ce passage :

Les grands nous flattent quand nous pouvons les servir; ils nous méprisent quand nous leur sommes inutiles; ils nous oppriment quand nous leur sommes dangereux.
C'est que tous les mots conservent leur première signification et sont placés dans un ordre naturel. Mais si l'on s'exprime ainsi :

Nous sommes de leur gloire un instrument servile,
Rejeté par dédain, dès qu'il est inutile,
Et brisé sans pitié, s'il devient dangereux.

On emploie une figure, et le tour heureux imprimé à la phrase donne à la pensée plus de noblesse et de vivacité.

6. Les rhéteurs varient sur l'origine des figures : d'après Cicéron, dont l'opinion a été adoptée par Rollin, c'est la pauvreté du langage qui nous a forcés à recourir à ces façons de parler pour peindre toute espèce d'objet.

« L'usage d'employer les mots dans un sens figuré, dit-il, s'étend fort loin; c'est le besoin qui l'a fait naître par l'effet nécessaire de la pauvreté du langage à son origine. Dans la suite, on s'est plu à faire un ornement de ce qui avait été une nécessité, comme les vêtements, destinés primitivement à nous protéger contre le froid, ont été employés plus tard à parer notre personne et à lui donner de la dignité. C'est par besoin qu'on s'est d'abord servi du style figuré; mais c'est par goût qu'on en a conservé l'usage. »

Mais nous sommes plutôt de l'avis de MM. de Bréteville et de Du Marsais. Ces deux littérateurs prétendent que les figures tiennent au fond même de la langue et qu'elles ne sont que le *reflet du monde réel qui se poétise en traversant notre imagination.*

« Il n'y a rien de si aisé et de si naturel, dit le premier, que le style figuré. J'ai pris souvent plaisir à entendre les paysans s'entretenir avec des figures de discours si variées, si vives, si éloignées du vulgaire, que j'avais honte d'avoir si long-temps étudié l'éloquence, voyant en eux certaine rhétorique de nature beaucoup plus persuasive et plus éloquente que nos rhétoriques artificielles. »

Et le second ajoute :

« Je suis persuadé qu'il se fait plus de figures un jour de marché à la halle, qu'il ne s'en fait en plusieurs jours d'assemblées académiques. »

7. On distingue deux classes de figures : *les figures de mots* et *les figures de pensées.*

8. Les figures de mots consistent dans l'arrangement des termes ou dans leur acception étrangère à leur sens primitif.

9. Il y a deux sortes de figures de mots : 1° celles qui conservent aux mots leur signification propre : on les appelle *figures de diction ou de construction;* 2° celles qui donnent aux mots une signification différente de celle qu'on leur attribue ordinairement; elles prennent le nom de *tropes.*

10. Il y a cette différence, dit Cicéron, entre les figures de pensées et les figures de mots, que les figures de pensées dépendent uniquement du tour de l'imagination; elles ne consistent que dans la manière particulière de penser ou de sentir, en sorte que la figure reste toujours la même, quoiqu'on vienne à changer les mots qui l'expriment,

Au contraire, les figures de mots sont telles, que, si on change les paroles, la figure s'évanouit.

Un exemple fera mieux sentir cette différence. Dans ce vers :

Jéhu, le fier Jéhu tremble dans Samarie,

Se trouve une figure de mots, appelée *répétition;* elle disparaîtra en n'employant qu'une seule fois le mot Jéhu.

Il n'en est pas de même dans ces paroles de Bossuet :

« Glaive du Seigneur, quel coup vous venez de frapper ! Toute la terre en est ébranlée. »

Cette magnifique apostrophe, une des plus belles figures de pensées, ne saurait être détruite ni par le changement, ni par une nouvelle disposition des termes.

CHAPITRE X.

Des Tropes.

1. Qu'est-ce que les tropes? — 2. Pourquoi sont-ils ainsi appelés? — 3. Combien y a-t-il de tropes?

1. Les tropes sont des figures qui donnent à un mot une signification autre que celle 'qu'il avait dès l'origine.

2. Ils sont ainsi appelés d'un verbe 'grec qui signifie *tourner*. En effet, lorsqu'un mot est employé dans un sens figuré, son acception primitive se trouve alors dénaturée et, pour ainsi dire, *tournée*.

3. Il y a autant de tropes qu'il y a de manières différentes par lesquelles on donne à un mot une signification qui n'est pas précisément la signification propre de ce mot. *Aveugle*, dans le sens propre, signifie une personne qui est privée de l'usage de la vue : si je me sers de ce mot pour marquer ceux qui ont été guéris de leur aveuglement, comme quand Jésus-Christ a dit : *les aveugles voient*, alors *aveugles* n'est plus dans le sens

propre, il est dans un sens que les philosophes appellent *sens divisé* : ce sens divisé est un trope, puisqu'alors *aveugles* signifie ceux qui ont été aveugles, et non ceux qui le sont (1).

Les rhéteurs ont compté une multitude infinie de tropes. Ne pouvant nous livrer à l'examen de chacun d'eux, nous les réduirons à huit principaux, savoir : *la Métaphore, l'Allégorie, la Catachrèse, la Métonymie, la Métalepse, la Sydecdoque, l'Antonomase* et *l'Antiphrase.*

SECTION PREMIÈRE.

De la Métaphore.

1. Qu'est-ce que la métaphore? — 2. Est-elle toujours un image? — 3. Quel est le trope le plus fréquemment employé? — 4. Quelles sont les qualités de la métaphore? — 5. En quoi consiste la justesse?— 6. Qu'est-ce que la clarté dans la métaphore?—7. En quoi consiste la noblesse dans la métaphore ?

1. La métaphore est une figure qui fait exprimer à un mot, au lieu de l'objet pour lequel il a été créé, un autre objet qui lui ressemble.

Cette ressemblance est due à une comparaison qui n'existe que dans l'esprit sans se produire jamais dans les termes. On dira par métaphore

(1) Ch. Nodier.

avec le prophète David : *Dieu est mon soleil et mon bouclier*. Il y aurait comparaison, si à cette phrase était substituée celle-ci : *Dieu éclaire mon âme comme le soleil éclaire mes yeux, et il me protége comme un bouclier me sert de défense dans le combat*. Ainsi abrégée, la comparaison traduit mieux la force, l'énergie et la rapidité de la pensée. Bouhours montre, par un exemple sensible, ce qui distingue la métaphore de la comparaison :

« Quand Homère dit qu'Achille va comme un lion, c'est une comparaison ; mais quand il dit du même héros *ce lion s'élance*, c'est une métaphore. Dans la comparaison le héros ressemble au lion, dans la métaphore le héros est un lion. »

2. Quoique toute métaphore suppose une comparaison, toute métaphore n'est cependant pas une image. Il y a des transpositions de mots qui ne présentent leur nouvel objet que tel qu'il est en lui-même, comme, par exemple, la *clef* d'une voûte, le *pied* d'une montagne. Pour que l'expression fasse image, il faut qu'elle peigne avec les couleurs de son premier objet l'idée nouvelle à laquelle on l'attache, comme dans cette sentence d'Iphicrate : *Une armée de cerfs conduite par un lion est plus à craindre qu'une armée de*

lions conduite par un cerf; et dans cette réponse d'Agésilas, à qui l'on demandait pourquoi Lacédémone n'avait point de murailles : *Voilà,* dit-il en montrant ses soldats, les murailles de Lacédémone (1).

3. Le trope le plus fréquemment employé, le plus gracieux, le plus brillant et celui qui offre à l'écrivain le plus de ressources, c'est sans contredit la métaphore. Avec son secours, dit Quintilien, il n'est rien qui ne puisse être exprimé, même, ajouterons-nous, les idées morales, abstraites et intellectuelles qu'il rend sensibles en leur donnant un corps. C'est ainsi que nous disons : la *souplesse* et la *pénétration* de l'esprit; — la *rapidité* de la pensée ; — la *sterilité* ou la *fécondité* de l'imagination; — la *chaleur* du sentiment; — la *vigueur* de l'âme; — l'*aveuglement*, les *blessures* du cœur; — le *torrent* des passions; — la raison *éclaire*; — l'ennui *accable* l'homme oisif; — les bonnes paroles *adoucissent* les chagrins les plus *cuisants.*

Le *feu* de la jeunesse; — le *printemps* de la vie; — la *fleur* de l'âge; — les *glaces* de la vieillesse ; — l'*hiver* de la vie; — le *poids* des années.

Être *bouillant* de colère; — *enivré* de gloire;

(1) Marmontel.

— *glacé* d'effroi; — *bercé* d'espoir; — *balloté* de crainte, etc.

C'est à cette figure que Racine, le fils, doit la beauté et la richesse des vers suivants que l'on lit au commencement de son poëme sur la religion :

La raison dans mes vers *conduit* l'homme à la foi,
C'est elle qui, *portant son flambeau* devant moi,
M'encourage à chercher mon *appui* véritable,
M'apprend à le connaître et me le rend aimable.
Faux sages, faux savans, indociles esprits,
Un moment, fiers mortels, *suspendez* vos mépris.
La raison, dites-vous, doit être notre *guide*,
A tous mes *pas* aussi cette raison préside.
Sous la divine loi que vous osez braver
C'est elle-même ici qui va me *captiver*.

4. Les qualités de la métaphore sont la justesse, la clarté et la noblesse.

5. La justesse de la métaphore consiste dans la vérité des rapports des deux objets comparés.

Qui ne blâmerait cette métaphore de Théophile : *Je baignerai mes mains dans les ondes de tes cheveux*. C'est que l'usage, en autorisant chacune des deux parties de cette figure, prise isolément, *baigner ses mains*, *les ondes des cheveux*, ne saurait les tolérer réunies. Car, la comparaison devient alors forcée et enlève ainsi à l'objet toute espèce de convenance

avec son image qu'avait jusque là approuvée le bon
goût. Comme Cicéron, on s'interdira aussi ces
métaphores : *le syrte de ma fortune, le cha-*
rybde qui a dévoré mes biens. On devrait
leur préférer : *l'écueil de ma fortune, le gouf-*
fre qui a dévoré mon patrimoine.

Ne dites pas non plus avec J.-B. Rousseau :

L'hiver qui si longtemps a fait blanchir les plaines,
N'enchaîne plus le cours des paisibles ruisseaux;
Et les jeunes zéphirs, de leurs chaudes haleines,
   Ont *fondu l'écorce* des eaux.

L'*écorce* ne peut être *fondue.* Ces deux idées,
s'excluant mutuellement, ne sauraient bien aller
ensemble.

Tous ces vices de métaphore, comme Boileau
les évite avec bonheur dans les vers suivants :

Que toujours le bon sens *s'accorde* avec la rime :
L'un l'autre vainement ils semblent se *haïr;*
La reine est une *esclave* et ne doit qu'*obéir.*

.   .   .   .

Mais lorsqu'on la néglige elle devient *rebelle,*
Et pour la *rattraper,* le sens *court après elle.*

6. La métaphore est claire lorsqu'elle est naturellement amenée et qu'elle passe sans effort
d'une image à une autre.

Mme de Sévigné, pour dire à sa fille : « Je
m'occupe bien plus de vous qui habitez Grignan,

que de moi-même qui demeure aux Rochers lui écrivait : « Je passe bien plus d'heures à Grignan qu'aux Rochers. » Cette figure serait difficile à comprendre, si nous n'en trouvions l'éclaircissement dans cette phrase qui la précède : « Je suis sans cesse occupée de vous, ma chère enfant; et je passe bien plus d'heures à Grignan qu'aux Rochers. »

7. La noblesse dans la métaphore consiste à rejeter les images fournies par des objets grossiers et dégoûtants, dont l'expression ne relèverait pas la bassesse ou la trivialité.

Tertullien a méconnu ce précepte, lorsqu'il a dit que *le déluge fut la lessive générale de la nature;* idée que le poète Beuserade n'a pas su ennoblir dans le vers suivant :

Dieu *lava bien la tête* à son image.

———

SECTION II.

De l'Allégorie.

Qu'est-ce que l'Allégorie ?

- L'allégorie prend dans un sens figuré tous les termes qu'elle emploie; c'est, en un mot, une métaphore soutenue.

« Tous les mots d'une phrase ou d'un discours,

allégorique, dit Du Marsais, forment d'abord un sens littéral, qui n'est pas celui qu'on a dessein de faire entendre; les idées accessoires dévoilent ensuite facilement le véritable sens qu'on veut exciter dans l'esprit ; elles démasquent, pour ainsi dire, le sens littéral étroit, elles en font l'application. » Telle est cette pièce gracieuse de Madame Deshoulières :

> Dans ces prés fleuris
> Qu'arrose la Seine,
> Cherchez qui vous mène,
> Mes chères brebis :
> J'ai fait pour vous rendre
> Le destin plus doux,
> Ce qu'on peut attendre
> D'une amitié tendre;
> Mais son long courroux
> Détruit, empoisonne
> Tous mes soins pour vous,
> Et vous abandonne
> Aux fureurs des loups.
> Seriez-vous leur proie,
> Aimable troupeau,
> Vous de ce hameau
> L'honneur et la joie;
> Vous qui gras et beau
> Me donnez sans cesse
> Sur l'herbette épaisse
> Un plaisir nouveau !
> Que je vous regrette.

Mais il faut céder :
Sans chien, sans houlette
Puis-je vous garder !
L'injuste fortune
Me les a ravis.
En vain j'importune
Le ciel par mes cris :
Il rit de mes craintes,
Et sourd à mes plaintes,
Houlette, ni chien,
Il ne me rend rien.
Puissiez-vous, contentes
Et sans mon secours,
Passer d'heureux jours,
Brebis innocentes,
Brebis, mes amours !
Que Pan vous défende;
Hélas ! il le sait,
Je ne lui demande
Que ce seul bienfait.
Oui, brebis chéries
Qu'avec tant de soin
J'ai toujours nourries,
Je prends à témoin
Ces bois, ces prairies,
Que si les faveurs
Du Dieu des pasteurs
Vous gardent d'outrage
Et vous font avoir,
Du matin au soir,
De gras pâturages,
J'en conserverai,

Tant que je vivrai ,
La douce mémoire,
Et que mes chansons
En mille façons
Porteront sa gloire,
Du rivage heureux
Où vif et pompeux
L'astre, qui mesure
Les nuits et les jours,
Commençant son cours,
Rend à la nature
Toute sa parure,
Jusqu'en ces climats
Où sans doute las
D'éclairer le monde,
Il va chez Téthys
Ranimer dans l'onde
Ses feux amortis.

Vous pouvez entendre à la lettre tout ce discours d'une bergère qui, touchée de ne pouvoir
mener ses brebis dans de bons pâturages, ni les
préserver de ce qui peut leur nuire, leur adresse-
rait la parole et se plaindrait à elles de son impuis-
sance. Mais ce sens, tout vrai qu'il paraît, n'est
pas celui que Madame Deshoulières avait dans
l'esprit : elle était occupée des besoins de ses enfants, voilà ses brebis ; le chien dont elle parle ,
c'est son mari, qu'elle avait perdu; le dieu Pan,
c'est le Roi (1).

(1) Du Marsais.

C'est au moyen de l'allégorie que l'on *personnifie* les êtres moraux, comme l'espérance, l'envie, l'amour, la haine, etc., c'est-à-dire qu'on leur attribue la figure, les sentiments, le langage d'une personne réelle.

Châteaubriand peint ainsi l'espérance :

« Il est dans le ciel une puissance divine, compagne assidue de la religion et de la vertu. Elle nous aide à supporter la vie, s'embarque avec nous pour nous montrer le port dans les tempêtes, également douce et secourable aux voyageurs célèbres et aux passagers inconnus. Quoique ses yeux soient couverts d'un bandeau, ses regards pénètrent l'avenir. Quelquefois elle tient des fleurs naissantes dans sa main, quelquefois une coupe pleine d'une liqueur enchanteresse. Rien n'approche du charme de sa voix, de la douceur de son sourire; plus on avance vers le tombeau, plus elle se montre pure et brillante aux mortels consolés. La foi et la charité lui disent ma *sœur* et elle se nomme l'*Espérance*. »

SECTION III.

De la Catachrèse.

1. Que signifie le mot catachrèse? — 2. En quoi consiste la catachrèse? — 3. Citez des exemples de

catachrèse par imitation? — 4. Par extension. — 5. Par abus.

1. Le mot catachrèse signifie *abus, extension, imitation.*

2. La catachrèse consiste dans l'emploi forcé de mots figurés pour traduire une idée manquant d'expression propre.

3. On dit par imitation d'une *feuille,* de la *glace,* etc :

Une *feuille* de papier, une *feuille* de fer-blanc une *feuille* d'or, une *feuille* de carton, une *feuille* d'ardoise, les *feuilles* d'un paravent, etc.

La *glace* d'un miroir, les *glaces* d'un carrosse.

C'est par catachrèse que l'on dit encore :

Un *ciel* de lit, les *branches* d'un lustre, le *bouton* d'un habit, les *cornes* d'un chapeau; le *dos,* les *bras* et les *pieds* d'un fauteuil.

4. On dit par extension :

Éclat du son, *voir* de l'odorat, comme Buffon le dit du chien.

5. On dit par abus :

Aller à cheval sur un âne, sur un *bâton*; un cheval *ferré* d'argent, un lacet *ferré* d'or, une cassette *ferrée* de cuivre.

Les noms *charité, lâcheté, intempérance,*

imprudence, injustice, folie, expriment des habitudes de l'âme, et n'ont point de pluriel en ce sens dans aucune langue. Mais, par catachrèse on donne souvent les mêmes noms aux actions qui ont ces habitudes pour principes; et comme les actions sont susceptibles de nombres, ces noms peuvent alors prendre un pluriel : ainsi, l'on dit des *charités*, des *lâchetés*, des *intempérances*, des *imprudences*, des *injustices*, des *folies*, pour dire des *actions* de charité, de lâcheté, d'intempérance, d'imprudence, d'injustice, de folie. On dit de même des *amours* pour des *liaisons* d'amour; des *espérances*, pour des *motifs* ou des *objets* d'espérance; des *naïvetés* pour des choses naïves. (1)

—

SECTION IV.

De la Métonymie.

1. Que signifie le mot métonymie? — 2. Qu'est-ce que la métonymie? — 3. Combien compte-t-on d'espèces de métonymie ?

1. Le mot métonymie signifie changement de nom.

2. La métonymie n'est qu'une substitution d'un terme à un autre.

(1) Encyclopédie.

Cette substitution *au lieu d'être basée sur les ressemblances qui rapprochent les objets se fonde sur les corrélations qui les unissent.*

3. La métonymie, dit La Harpe, est d'un usage si familier, qu'il n'y a personne qui ne s'en serve à tout moment et sans y penser. Toutes les langues polies lui doivent le plus grand nombre de leurs beautés de détail. L'éloquence et la poésie, surtout, y ont continuellement recours et en tirent les effets les plus frappants et les plus variés.

Il y a huit espèces de métonymie : la première prend la cause pour l'effet; la seconde, l'effet pour la cause; la troisième, le contenant pour le contenu; la quatrième, le signe pour la chose signifiée; la cinquième, le possesseur pour la chose possédée; la sixième, le nom abstrait pour le concret; la septième, le lieu où une chose se fait pour la chose elle-même; la huitième, le siége d'une faculté ou d'un sentiment pour le sentiment ou la faculté elle-même.

1. La cause pour l'effet. On dit *Bacchus* pour *le vin*, *Cérès* pour *le pain*, *Vulcain* pour *le feu*, *Mars* pour *la guerre*, *Neptune* pour *la mer*, les *Muses* pour les *beaux-arts*. On prend

encore la cause pour l'effet, lorsqu'on dit : *vivre de son travail*, pour vivre de ce qu'on gagne en travaillant ; et quand on donne aux ouvrages le nom de ceux qui les ont composés, par exemple *Rousseau, Voltaire, Racine* pour les œuvres de ces écrivains. Dans ce passage du Nouveau Testament on trouve aussi une métonymie : « Ils (les Juifs) ont *Moïse* et *les prophètes,* » pour les *livres* de Moïse et ceux des prophètes.

C'est cette figure qu'emploie Fléchier, lorsque, parlant de Macchabée auquel il compare Turenne, il dit :

« Cet homme qui réjouissait *Jacob* par ses
» vertus et par ses exploits. »

Jacob, c'est-à-dire, le peuple juif.

2. L'effet pour la cause :

Delille a dit :

Devant le vestibule, aux portes des enfers,
Habitent les soucis et les regrets amers,
Et des remords vengeurs l'escorte vengeresse ;
La *pâle* maladie et la *triste* vieillesse.

La maladie n'est point *pâle*, ni la vieillesse *triste ;* mais l'une produit la *pâleur* et l'autre la *tristesse.*

Par la même figure on dit : La *mort* est dans ses mains. — Lancer la *mort*, c'est-à-dire ce qui la donne.

3. Le contenant pour le contenu :

Il aime la bouteille, c'est-à-dire le vin contenu dans la bouteille.

La terre se tut devant Alexandre, c'est-à-dire les peuples qui habitent la terre.

Rome blâma la conduite du Consul, c'est-à-dire les Romains.

> Sa main désespérée
> M'a fait boire la mort dans la coupe sacrée.
>
> (MARMONTEL.)

La *mort* est ici pour le poison qui la donne.

Voici encore quelques exemples de cette espèce de métonymie :

« La *ville* croirait dégénérer en ne copiant » pas les mœurs de la *cour.* — Que le *camp* » des Philistins ne se réjouisse plus de nos dis-» sensions. »

> (MASSILLON.)

« Paris et tout le royaume, avec un fidèle et » admirable empressement, reconnaît son roi. »

> (BOSSUET.)

4. Le signe pour la chose signifiée :

Le *sceptre* est mis pour l'autorité royale dans ces vers de Quinault :

> Dans ma vieillesse languissante,
> Le *sceptre* que je tiens pèse à ma main tremblante.
>
> (PHAËT. II. V.)

L'*épée* se prend pour l'état militaire, la *robe* pour la magistrature.

Corneille dit dans le *Menteur :*

A la fin j'ai quitté la *robe* pour l'*épée.*

5. Le possesseur pour la chose possédée : par exemple, cet *homme* a été incendié.

6. Le nom *abstrait* par le *concret.* Massillon a heureusement employé cette figure dans le passage suivant :

« Si la justice et la piété dans les grands prennent la place des passions et de la licence, quelle source de bénédictions pour les peuples! C'est la *vertu* qui distribue les grâces; c'est elle qui les reçoit : *les honneurs* vont chercher l'homme sage qui les mérite et qui les fuit, et fuient l'homme vendu à l'iniquité qui court après; les fonctions publiques ne sont confiées qu'à ceux qui se dévouent au bien public; le *crédit* et *l'intrigue* ne mènent à rien; le *mérite* et les *services* n'ont besoin que d'eux-mêmes; le goût même du souverain ne décide pas de ses largesses; rien ne lui paraît digne de récompense dans ses sujets, que les talents utiles à la patrie; les faveurs annoncent toujours le mérite ou le suivent de près; il n'y a de mécontents dans l'État que les hommes oiseux et inutiles; la *paresse* et la *médiocrité* murmurent toutes seules contre la sagesse et l'équité des choix; les talents se développent par les récompenses qui les attendent; chacun cherche à se rendre utile au public; et toute l'habileté de l'*ambition* se réduit à se rendre digne des places auxquelles on aspire. »

Que l'on substitue à ces noms abstraits des termes concrets, et la trivialité succède aussitôt à la noblesse et à l'élégance dont l'orateur sacré a su parer son style.

7. Le nom du lieu où une chose se fait pour la chose elle-même : ainsi un *cachemire* pour *un tissu fait à Cachemire;* un *sédan*, un *elbœuf*, pour *un drap de Sédan* ou *d'Elbœuf.*

Cette espèce de métonymie se trouve encore dans les vers suivants de Boileau :

Pradon a mis au jour un livre contre vous,
Et chez le chapelier du coin de notre place;
Autour d'un *Caudebec* j'en ai lu la préface.

C'est-à-dire un *chapeau* fait à Caudebec, ville de Normandie.

C'est ainsi que le *Lycée* se prend pour les disciples d'Aristote, ou pour la doctrine qu'Aristote enseignait dans le Lycée. Le *Portique* se prend pour la philosophie que Zénon enseignait à ses disciples dans le Portique.

« *On ne pense point ainsi dans le Ly-cée*; » c'est-à-dire que les disciples d'Aristote ne sont point de ce sentiment.

« Le Portique n'est pas toujours d'accord avec le Lycée; » c'est-à-dire que les sentiments de Zénon ne sont pas toujours conformes à ceux d'Aristote (1).

Rousseau pour dire que Cicéron, dans sa maison de campagne, méditait la philosophie d'A-ristote et celle de Zénon, s'exprime en ces ter-mes :

C'est là que ce romain, dont l'éloquente voix
D'un joug presque certain sauva sa république,
Fortifiait son cœur dans l'étude des lois
  Et du Lycée et du Portique.

On dit encore le *bordeaux* pour le *vin* de Bordeaux; le *champagne* pour le *vin* de Cham-pagne; le *bourgogne* pour le *vin* de Bougogne.

8. Le siége d'une faculté ou d'un sentiment pour le sentiment ou la faculté elle-même :

On dit d'un homme qu'il a ou qu'il n'a pas de *cœur* ou d'*entrailles*, pour faire entendre qu'il est ou qu'il n'est pas *sensible*, qu'il est *courageux* ou *lâche;* un homme qui manque de sens n'a point de *cervelle.* La *langue* se prend pour la *parole,* le *ventre* pour l'*appetit* (1).

(1) Encyclopédie.

SECTION V.

De la Métalepse.

Qu'est-ce que la métalepse?

La métalepse, espèce de métonymie, emploie, au lieu d'un terme blessant ou trop caractérisé, une expression plus polie et presque aussi significative. En voici des exemples :

Il a été, il a vécu, pour il est mort. Racine dans Mithridate dit :

C'en est fait, Madame, et j'ai vécu.

Pour je me meurs.

« Le seul éloge que je mérite, dit Périclès » mourant, est de n'avoir fait prendre le deuil à » aucun citoyen. » C'est-à-dire de n'avoir fait mourir personne.

« Ce prince (Charles II, roi d'Angleterre), dit » Voltaire, errant de village en village, déguisé » tantôt en postillon, tantôt en bûcheron, *se* » *sauva* enfin dans une petite barque, et arriva » en Normandie, après six semaines d'aventures » incroyables. » Au lieu de s'enfuit.

Racine dans le vers suivant emploie encore une métalepse :

On sait tout, m'a-t-il dit, *sauvez-vous* de ces lieux.

SECTION VI.

De la Synecdoque.

1. Que signifie le mot synecdoque? — 2. Qu'est-ce que la synecdoque? — 3. Combien y en a-t-il d'espèces?

1. Le mot synecdoque signifie *compréhension*.

2. La synecdoque est un trope qui donne à un mot un sens plus ou moins étendu que sa signification propre.

3. Il y a cinq espèces de synecdoque : la première prend le genre pour l'espèce; la seconde, la partie pour le tout ou le tout pour la partie; la troisième, le singulier pour le pluriel ou le pluriel pour le singulier; la quatrième, la matière pour la chose qui en est faite; la cinquième, un nombre certain pour un nombre incertain.

1. Le genre pour l'espèce et l'espèce pour le genre. Dans ces vers :

> Seigneur dans ta gloire adorable
> Quel *mortel* est digne d'entrer?

Mortel est pris pour *homme;* c'est le genre pour l'espèce, car l'homme est une des espèces du genre *mortel* qui comprend les animaux qui, comme nous, sont sujets à la mort.

Il y a synecdoque, dit Du Marsais, du genre à l'espèce, lorsqu'on restreint l'étendue du mot *nombre* à l'harmonie des phrases, et synecdoque de l'espèce au genre lorsqu'on se contente d'appeler *voleur* un scélérat chargé de tous les crimes.

II. La partie pour le tout : le feuillage, pour les *arbres*, les voiles, pour les *vaisseaux*, feux, pour *maisons*. Ce village compte 300 feux. Nous disons aussi *tête*, *bras*, âmes pour hommes :

> J'ignore le destin d'une *tête* si chère.
>
> (RACINE.)

« Pourriez-vous confier à des *bras* sacrilèges le soin de rétablir votre culte? — Les *âmes* vulgaires et obscures ne vivent que pour elles-mêmes. »   (MASSILLON.)

Les poètes emploient souvent *le Tibre*, pour les Romains; *la Seine* pour les Français; *le Tage* pour les Espagnols.

> Chaque climat produit des favoris de Mars,
> La *Seine* a des Bourbons, le *Tibre* a des Césars.
>
> (BOILEAU, ÉP. I.)

> Fouler aux pieds l'orgueil et du *Tage* et du *Tibre*.
>
> (LE MÊME, DISC. AU ROI.)

Ils disent encore, *après quelques moissons, quelques étés, quelques hivers*, pour après quelques années; *décembre* pour l'hiver, *mai* pour le printemps.

Vois : Mai nous a rendu nos courses solitaires.

(A. Chénier.)

III. Le singulier pour le pluriel et le pluriel pour le singulier : Le *Germain* révolté c'est-à-dire les Germains, les Allemands L'*ennemi* vient à nous, c'est-à-dire les ennemis. « Qu'il est beau, dit Bossuet, dans le tumulte des armes, de savoir encore goûter cette gloire tranquille qu'on n'a point à partager avec le *soldat,* non plus qu'avec la fortune. » « Une doctrine si triste, si humiliante pour l'*homme*, qui le confond avec la *bête* (Massillon). »

L'*Américain* farouche est un monstre sauvage
Qui mord en frémissant le frein de l'esclavage.

(Voltaire)

L'Américain farouche est mis ici pour les Américains farouches.

Le *Français* né malin, forma le Vaudeville.

(Boileau.)

Le Français est mis pour les Français.

Fléchier a dit : « Il (Montausier) tenait en *ses mains* un glaive luisant. »

Sa vue a ranimé *mes esprits* abattus.

(Racine.)

Ce changement de nombre, dit M. Taillefer, est très-commun en poésie. Dans le style de chancellerie on dit habituellement *nous* pour *je*. On se sert souvent de la même tournure dans les discours publics, sans doute pour éviter le *moi* qui, comme l'a dit Pascal, est toujours haïssable, et pour donner à ce que l'on dit plus de dignité. Dans le langage poli on dit *vous* au lieu de *tu*. Mais les poètes prennent le mot *tu* quand ils veulent donner plus de vivacité à leur phrase.

> *Tu* ne saurais connaître au fort de la mêlée,
> Quel parti suit le fils du courageux Tydée.

Vous ne sauriez connaître serait beaucoup moins poétique.

IV. La matière, pour la chose qui en est faite. Ainsi l'*argent* se prend pour des pièces d'argent; le *fer* pour l'épée; l'*airain* pour le canon, comme dans les vers suivants :

> J'entends l'*airain* tonnant de ce peuple barbare.
>
> (VOLTAIRE.)

> Et par cent bouches horribles,
> L'*airain* sur ces monts terribles
> Vomit le fer et la mort.

On dit de la même manière la *pourpre*, pour la dignité d'empereur ou de cardinal, la *bure*, pour le simple vêtement des religieuses, un *castor*, pour un chapeau, etc.

V. Un nombre certain pour un nombre incertain. Il me l'a dit *dix fois, vingt fois, cent fois, mille fois*, c'est-à-dire plusieurs fois.

> *Vingt fois* sur le métier remettez votre ouvrage.
>
> (Boileau.)

Dans la *Henriade*, Saint-Louis dit à Henri IV :

> Tu vas abandonner aux flammes, au pillage,
> De *cent* rois, tes aïeux, l'immortel héritage.

De *cent* rois, pour dire d'un grand nombre de rois.

Il est facile de voir que l'emploi des métonymies et des synecdoques est très-fréquent dans le discours; souvent même l'usage de ces figures passe inaperçu. Il ne s'ensuit pas, dit Crévier, qu'on puisse user indifféremment de ces expressions figurées sans choix et à volonté. Il faut que l'usage les autorise ou au moins les permette. Quoique l'on puisse dire cent *voiles* pour cent *vaisseaux*, on se rendrait ridicule, ajoute Du Marsais, si l'on disait dans le même sens cent *mâts* ou cent *avirons*. On dit très-bien, ce village est de cent *feux*, mais on ne dirait pas qu'il est de cent *cuisines*. Il faut consulter l'usage, posséder parfaitement sa langue et se conformer aux règles reçues.

SECTION VII.

De l'antonomase.

1. Q'est-ce que l'antonomase? — 2. Combien y en a-t-il d'espèces?

1. L'antonomase est un trope qui emploie un nom commun pour un nom propre, ou un nom propre pour un nom commun.

2. On distingue deux espèces d'antonomase :

Dans la première espèce, on place la personne ou la chose désignée par cette figure au-dessus de toutes celles qui peuvent être comprises sous la même dénomination. C'est ainsi que les Grecs et les Latins disaient *l'orateur* pour désigner, les uns Démosthène, et les autres Cicéron; qu'ils disaient le poète, les uns pour Homère, et les autres pour Virgile. Au moyen âge on appelait Aristote le *philosophe*, Strabon le *géographe*, etc. Le nom commun est pris pour le nom propre dans ces deux vers de Casimir Delavigne (*Vêpres Siciliennes*) :

Le peuple prosterné sous ces voûtes antiques,
Avait du *roi-prophète* entonné les cantiques.

Le *roi-prophète* est mis pour David.

Au lieu du nom propre, on se sert quelquefois d'une circonlocution qui ne peut s'appliquer qu'à la personne dont on veut parler. On dira par exemple : Le *docteur de la grâce*, pour

Saint-Augustin; le *docteur angélique ou l'ange de l'école*, pour Saint-Thomas d'Aquin; le *docteur Séraphique* pour Saint-Bonaventure; le *vainqueur de Darius*, pour Alexandre; le *destructeur de Carthage*, pour le second Scipion l'Africain; le *cygne de Mantoue*, pour Virgile; l'*aigle de Meaux*, pour Bossuet; l'*auteur du Télémaque, le cygne de Cambrai*, pour Fénélon; le *père de la tragédie française*, pour Corneille; le *fabuliste français*, pour La Fontaine; le *philosophe* de Genève, pour J.-J. Rousseau; le *patriarche de Ferney*, pour Voltaire, etc.

L'antonomase de la seconde espèce compare la personne dont il s'agit avec celle dont on lui donne le nom propre. On dira un *Tibère*, pour un prince fourbe et cruel; un *Titus* ou un *Trajan*, pour un bon Prince; un *Sardanapale*, pour un homme voluptueux; un *Crésus*, pour un homme très-riche; un *César*, pour un héros; un *Thersite*, pour un lâche; un *Néron*, pour un prince cruel et lâche; un *Alexandre*, pour un grand conquérant; un *Mécène*, pour un protecteur des lettres; un *Zoïle*, pour un détracteur envieux; un *Aristarque*, pour un critique judicieux et sincère; un *Saumaise*, pour un commentateur habile; etc., etc.

Aux *Saumaises* futurs préparer des tortures.
(Boileau.)

Dans le Jour des morts de Fontanes :

Un pâtre, un laboureur, un fermier vertueux,
Sous ces pierres sans art tranquillement sommeille.
Elles ouvrent peut-être un *Turenne*, un *Corneille*,
Qui dans l'ombre a vécu de lui-même ignoré.

Un *Turenne*, est pour un grand général; un *Corneille*, pour un grand poète.

SECTION VIII.

De l'Antiphrase.

Qu'est-ce que l'antiphrase? Combien y en a-t-il de sortes?

L'antiphrase se sert de termes dont la signification exprime le contraire de ce qu'on dit. Il y en a de deux sortes : l'antiphrase par *dénomination*, et l'antiphrase par *qualification*.

C'est par une antiphrase de la première espèce que les Furies reçoivent le nom d'*Euménides*, qui signifie divinités bienfaisantes; et que deux Princes (de la famille des Ptolémée), qui avaient assassiné, l'un sa mère, et l'autre son frère, furent appelés *Philométor* (qui aime sa mère) et *Philadelphe* (qui aime son frère.)

On ferait des antiphrases par qualification si

l'on disait d'un fripon *cet homme honnête*; d'un maladroit, *cet homme habile.*

CHAPITRE XI.

Figures de mots proprement dites ou de construction.

Les figures de mots proprement dites sont : l'*ellipse*, le *pléonasme*, l'*hyperbate*, l'*hypallage*, la *syllepse*, l'*énallage*, la *répétition*, la *disjonction*, la *conjonction*, et l'*apposition.*

SECTION PREMIÈRE.

De l'Ellipse.

Qu'est-ce que l'ellipse ? Citez-en un exemple.

L'ellipse sacrifie à la rapidité ou à l'énergie un ou plusieurs mots qui seraient nécessaires pour la régularité de la construction. Le retranchement du verbe *avoir* fait la beauté des deux vers suivants de Racine :

> . . . Les rois dans le ciel *ont* un juge sévère,
> L'innocence un vengeur, et l'orphelin, un père.

Il y a encore ellipse dans ce passage de Boileau :

> Mais Hector, de ses cris remplissant le rivage,
> Commande à ses soldats de quitter le pillage,
> De courir aux vaisseaux; car j'atteste les dieux.

Que quiconque osera s'écarter à mes yeux,
Moi-même dans son sang j'irai laver sa honte.

(Trad. d'Homère.)

L'ellipse qui se trouve dans ces vers est pleine de vivacité, dit Crévier. Après ces mots *de courir aux vaisseaux*, le poète aurait dû ajouter : *Il les menace en disant*, etc. Mais ce tour a de la lenteur, et l'on voit avec autant de plaisir que de surprise Hector qui paraît tout d'un coup sur la scène parlant lui-même en personne.

SECTION II.

Du Pléonasme.

Qu'est-ce que le pléonasme ? Citez-en des exemples.

Le pléonasme ajoute des expressions inutiles à l'émission de la pensée, mais qui rendent la phrase plus forte ou plus gracieuse et fixent plus vivement l'attention sur quelque point essentiel. Il y a pléonasme dans les vers suivants :

Et que m'a fait à *moi* cette Troie où je cours ?

(Racine.)

Je l'ai vu, dis-je, vu, de *mes propres yeux* vu,
Ce qu'on appelle vu . . . . .   (Molière.)

Corneille fait dire à Camille dans ses imprécations contre Rome :

Que le courroux du ciel allumé par mes vœux

Fasse pleuvoir sur elle un déluge de feux !
Puissé-je *de mes yeux* y voir tomber la foudre!

SECTION III.

De l'Hyperbate.

Qu'est-ce que l'hyperbate? Citez-en un exemple.

L'hyperbate ou inversion donne aux mots, dans le discours, un arrangement contraire à l'ordre grammatical. Cette figure est plus rarement employée en prose qu'en poésie. En voici un exemple tiré de Delille :

Dirai-je des Natchez la tristesse touchante?
Combien de leur douleur l'heureux instinct m'enchante?
Là, d'un fils qui n'est plus, la tendre mère en deuil,
A des rameaux voisins vient pendre le cercueil.

SECTION IV.

De l'Hypallage.

Qu'est-ce que l'hypallage?

L'hypallage attribue à certaines expressions ce qui n'appartient qu'à d'autres.

C'est ainsi que l'on dit : rendre *un homme à la vie*, pour *rendre la vie à un homme.*

SECTION V.

De la Syllepse.

Qu'est-ce que la syllepse? Citez-en des exemples.

La syllepse fait figurer le mot avec l'idée, plutôt qu'avec le mot auquel il se rapporte. Dans l'*Athalie* de Racine, Joad dit à Joas :

Entre le *pauvre* et vous, vous prendrez Dieu pour ju-
Vous souvenant, mon fils, que caché sous ce lin, [ge,]
Comme eux vous fûtes pauvres et *comme eux* orphelin.

Comme eux se rapporte à l'idée, et ne s'accorde pas avec la construction de la phrase. (1)

Voici d'autres exemples de syllepse : « Un nombre infini d'oiseaux *faisaient* raisonner ces bocages de leurs doux chants. »

(FÉNÉLON.)

« La plupart des animaux *ont* plus de vitesse, » plus de force, et même plus de courage que » l'homme. » (BUFFON.)

———

SECTION VI.
De l'Énallage.

En quoi consiste l'énallage? Citez-en un exemple.

L'énallage consiste à mettre un temps pour un autre. La Fontaine se sert de cette figure, lorsqu'il fait parler ainsi sa laitière :

Le renard sera bien habile
S'il ne m'en laisse assez pour avoir un cochon.
Le porc à s'engraisser coûtera peu de son :

(1) Batteux.

'Il *était*, quand je *l'eus*, de grosseur raisonnable;
J'aurai, le revendant, de l'argent bel et bon.
Et qui m'empêchera de mettre en notre étable,
Vu le prix dont il *est*....

SECTION VII.

De la Répétition.

Qu'est-ce que la répétition? Citez-en un exemple.

La répétition est la reproduction des mêmes termes. Très-fréquemment employée par les écrivains, cette figure donne au style plus d'énergie, et force l'esprit à s'attacher à l'idée sur laquelle elle insiste. Elle convient surtout à l'expression du langage passionné.

Voltaire offre un magnifique exemple de répétition dans ce discours de Lusignan à Zaïre :

Ma fille, tendre objet de mes dernières peines,
Songe au moins, *songe* au sang qui coule dans tes veines :
C'est le sang de vingt rois, tous chrétiens comme moi;
C'est le sang des héros, défenseurs de ma loi;
C'est le sang des martyrs.... O fille encore trop chère,
Connais-tu ton destin? *Sais-tu* quelle est ta mère?
Sais-tu bien qu'à l'instant que son flanc mit au jour
Ce triste et dernier fruit d'un malheureux amour,
Je la vis massacrer *par la main* forcenée,
Par la main des brigands à qui tu t'es donnée?
Tes frères, ces martyrs égorgés à mes yeux,
T'ouvrent leurs bras sanglants, tendus du haut des cieux.

Ton *Dieu* que tu trahis, ton *Dieu* que tu blasphèmes,
Pour toi, pour l'univers, est mort en ces *lieux* mêmes,
En ces lieux où mon bras le servit tant de fois,
En ces lieux où son sang te parle par ma voix.
Vois ces murs, *vois* ce temple envahi par tes maitres :
Tout annonce le Dieu qu'ont vengé tes ancêtres.
Tourne les yeux : sa tombe est près de ce palais;
C'est ici la montagne où, lavant nos forfaits,
Il voulut expirer sous les coups de l'impie;
C'est là que de sa tombe il rappela sa vie.
Tu ne saurais marcher dans cet auguste lieu,
Tu n'y peux faire un pas, sans y trouver ton Dieu;
Et tu n'y peux rester sans renier ton père,
Ton honneur qui te parle, et ton dieu qui t'éclaire,

———

SECTION VIII.

De la Disjonction.

Qu'est-ce que la disjonction? Citez-en un exemple.

La disjonction retranche les particules conjonctives pour donner plus de rapidité à la pensée.

Nous en empruntons un exemple à l'oraison funèbre de Turenne par Mascaron :

« Les dehors mêmes de la guerre, le son des
» instruments, l'éclat des armes, l'ordre des
» troupes, le silence des soldats, l'ardeur de la
» mêlée, le commencement, le progrès et la
» consommation de la victoire, les cris différents
» des vaincus et des vainqueurs attaquant l'âme

» par tant d'endroits, qu'enlevée à tout ce qu'el-
» le a de sagesse et de modération, elle ne con-
» naît plus ni Dieu, ni elle-même. »

—

SECTION IX.
De la Conjonction.

En quoi consiste la conjonction? Citez-en un exemple.

La conjonction répète la particule *et*, pour insister fortement sur une idée.

Dans la *Henriade*, Saint-Louis parlant à Henri IV du duc de Bourgogne, s'exprime ainsi :

Mon fils, il eût compté ses jours par ses bienfaits;
Il eût aimé son peuple. O jours remplis d'alarmes !
O combien les Français vont répandre de larmes,
Quand sous la même tombe ils verront réunis
Et l'époux, *et* la femme, *et* la mère *et* le fils!

—

SECTION X.
De l'Apposition.

En quoi consiste l'apposition? Citez-en un exemple.

L'apposition consiste dans l'union d'un nom à un autre pour en marquer un attribut particulier. Tels sont ces deux vers d'Alzire :

Achève; et *de ce fer, trésor* de tes climats,
Préviens mon bras vengeur, et préviens ton trépas.

—

CHAPITRE XII.

Des figures de pensées.

1. En quoi consistent les figures de pensées? — 2. En combien de classes peut-on les diviser?

1. Les figures de pensées consistent dans la manière particulière de les traduire. Avec elles les idées, les sentiments deviennent plus gracieux plus nobles et plus énergiques. Indépendantes des termes, ces figures ne sauraient être altérées par le changement des mots qu'elles emploient, pourvu que le tour de la pensée reste le même. Cicéron les appelle les attitudes, les formes du discours, parceque le discours qui n'est pas figuré, c'est en effet, dit M. Le Clerc, la statue droite, sans gestes, sans attitudes, et le discours que les figures animent, c'est la statue qui, sous le ciseau de l'artiste, prend toutes les formes et tout les mouvements de la pensée.

2. On peut diviser les figures de pensées en quatre classes : 1° Les figures qui favorisent l'effet du raisonnement; 2° les figures qui flattent l'esprit; 3° les figures qui se rapportent à l'imagination; 4° les figures qui excitent les passions.

—

SECTION PREMIÈRE.

*Des figures de pensées qui favorisent l'effet
du raisonnement.*

Quelles sont les principales figures de pensées qui favorisent l'effet du raisonnement?

Ce sont : l'*exposition*, l'*accumulation*, la *prolepse*, la *suspension*, la *réticence*, la *correction*, la *concession* et la *prétérition*.

—

1.— *De l'Exposition.*

Qu'est-ce que l'exposition? Citez-en un exemple.

L'exposition offre la même pensée sous des formes différentes, varie les termes qui l'expriment et la rend ainsi plus vive, et plus frappante. Nous en trouvons un magnifique exemple dans le passage suivant où Massillon développe cette idée : *tout passe, excepté Dieu, qui jugera tout :*

« Une fatale révolution que rien n'arrête,
» entraîne tout dans les abîmes de l'éternité; les
» siècles, les générations, les empires, tout va se
» perdre dans ce gouffre, tout y entre et rien
» n'en sort; nos ancêtres nous ont frayé le che-
» min, et nous allons le frayer dans un moment
» à ceux qui viennent après nous; ainsi les âges
» se renouvellent; ainsi la figure du monde chan-

» ge sans cesse; ainsi les morts et les vivants se
» succèdent et se remplacent continuellement;
» rien ne demeure, tout change, tout s'use, tout
» s'éteint. Dieu seul est toujours le même, et
» ses années ne finissent point; le torrent des
» âges et des siècles coule devant ses yeux; et il
» voit, avec un air de vengeance et de fureur,
» de faibles mortels, dans le temps même qu'ils
» sont entraînés par le cours fatal, l'insulter en
» passant, profiter de ce seul moment pour dés-
» honorer son nom, et tomber au sortir de là
» entre les mains éternelles de sa colère et de sa
» justice. »

---

2. — De l'Accumulation.

En quoi consiste l'accumulation? Citez-en des exemples.

L'accumulation consiste à peindre la pensée
avec les détails, les effets et les circonstances les
plus propres à persuader et à émouvoir. Massillon, dans son sermon sur la vérité d'un avenir,
montre par une accumulation de circonstances
combien l'impie est à plaindre :

« L'impie est à plaindre, s'il faut que l'évangile
soit une fable; la foi de tous les siècles, une cré-
dulité; le sentiment de tous les hommes, une er-

reur populaire; les premiers principes de la nature
et de la raison, des préjugés de l'enfance; le sang
de tant de martyrs, que l'espérance d'un avenir
soutenait dans les tourments, un jeu concerté
pour tromper les hommes; la conversion de l'u-
nivers, une entreprise humaine, l'accomplisse-
ment des prophéties, un coup de hasard; en un
mot, s'il faut que tout ce qu'il y a de mieux éta-
bli dans l'univers se trouve faux, afin qu'il ne
soit pas éternellement malheureux. Quelle fureur
de pouvoir se ménager une sorte de tranquillité
au milieu de tant de suppositions insensées ! »

Par quelle heureuse accumulation d'effets Racine dépeint la magnificence de Dieu dans les vers
suivants :

> Il donne aux fleurs leur aimable peinture;
> Il fait naître et mûrir les fruits;
> Il leur dispense avec mesure
> Et la chaleur des jours et la fraîcheur des nuits;
> Le champ qui les reçut les rend avec usure.
> Il commande au soleil d'animer la nature,
> Et la lumière est un don de ses mains :
> Mais sa loi sainte, sa loi pure,
> Est le plus riche don qu'il est fait aux humains.

---

3. — De la Prolepse.

Qu'est-ce que la prolepse? Citez-en de exemples.

La prolepse pressent et combat d'avance les
objections pour en diminuer la force.

C'est au moyen de cette figure que Massillon repousse les prétextes où se retranche ordinairement le pécheur endurci :

«Mais il eût mieux valu, me direz-vous, demeurer endurci dans mon habitude, et ne faire jamais d'efforts pour en sortir. C'est-à-dire que pour éviter d'être profanateur, vous voulez devenir impie. Ah! sans doute, il eût mieux valu demeurer pécheur, que de venir profaner le sang de Jésus-Christ : mais n'aviez-vous point d'autre moyen d'éviter le sacrilège? Ne pourriez-vous par une sincère pénitence, approcher dignement de l'autel? ».

On pouvait, dit l'abbé Girard, reprocher à Boileau son goût pour la satire et la manière dont il traitait Chapelain. Il prévient cette objection; et sous pretexte de se justifier, il achève d'accabler ce malheureux poète :

Il a tort, dira l'un, pourquoi faut-il qu'il nomme?
Attaquer Chapelain! ah! c'est un si bon homme!
Balzac en fait l'éloge en cent endroits divers.
Il est vrai, s'il m'eût cru, qu'il n'eût point fait de vers.
Il se tue à rimer : que n'écrit-il en prose?
Voilà ce que l'on dit. Et que dis-je autre chose?
En blâmant ses écrits, ai-je d'un style affreux
Distillé sur sa vie un venin dangereux?
Ma muse en l'attaquant, charitable et discrète,
Sait de l'homme d'honneur distinguer le poète.

Qu'on vante en lui la foi, l'honneur, la probité,
Qu'on prise sa candeur et sa civilité;
Qu'il soit doux, complaisant, officieux, sincère :
On le veut, j'y souscris, et suis prêt à me taire.
Mais que pour un modèle on montre ses écrits,
Qu'il soit le mieux renté de tous les beaux esprits;
Comme roi des auteurs qu'on l'élève à l'empire :
Ma bile alors s'échauffe, et je brûle d'écrire;
Et s'il ne m'est permis de le dire au papier,
J'irai creuser la terre, et, comme ce barbier,
Faire dire aux roseaux par un nouvel organe :
Midas, le roi Midas a des oreilles d'âne.

—

4. — De la Suspension.

En quoi consiste la suspension? Citez-en des exemples.

La suspension consiste à tenir le lecteur ou l'auditeur dans l'incertitude pour lui dire ensuite des choses inattendues. Dans l'*Oraison funèbre de la Reine d'Angleterre,* Bossuet emploie ainsi cette figure :

« Combien de fois a-t-elle remercié Dieu de
» deux grâces : l'une de l'avoir faite chrétienne ;
» l'autre... Messieurs, qu'attendez-vous ? peut-
» être d'avoir rétabli les affaires de son fils? non;
» c'est de l'avoir faite reine malheureuse. »

Voici une suspension fort originale :

Après le malheur effroyable

Qui vient d'arriver à mes yeux
Je croirai désormais, grands Dieux ,
    Qu'il n'est rien d'incroyable.
J'ai vu, sans mourir de douleur,
J'ai vu... Siècles futurs vous ne pourrez le croire !
Ah! j'en frémis encor de dépit et d'horreur;
J'ai vu mon verre plein; et je n'ai pu le boire.

—

5. — *De la Réticence.*

Qu'est-ce que la réticence ? Citez-en des exemples.

La réticence interrompt subitement une proposition commencée et, par ce silence qu'elle garde à
dessein, donne à la pensée plus de force et d'énergie que les plus brillants développements. Cette
figure, dit l'abbé de Besplas, fait tourner à la gloire
de l'orateur toutes les pensées qu'il n'exprime
pas, et qui naissent en foule de l'esprit de ceux
qui l'écoutent : mais aussi ne faut-il employer ce
moyen que dans le moment où l'art parvenu à son
plus haut point, où les sentimens poussés à leur
dernier terme, ne laissent pour toute ressource
que le silence et tout ce qu'il peut inspirer.

Cette figure se trouve dans ces vers où Athalie s'adresse au grand prêtre Joad :

          Te voilà, séducteur
De ligues, de complots pernicieux auteur,
Qui dans le trouble seul as mis tes espérances,
Éternel ennemi des suprêmes Puissances;

En l'appui de ton Dieu tu t'étais reposé;
De ton esprit frivole es-tu désabusé?
Il laisse en mon pouvoir et son temple et ta vie.
Je devrais sur l'autel, où ta main sacrifie,
Te... Mais du prix qu'on m'offre il faut me contenter.

—

6. — *De la Correction.*

Qu'est-ce que la correction? Citez-en un exemple.

La correction est une figure par laquelle l'orateur corrige ses mots ou ses pensées, et leur en substitue d'autres plus convenables ou plus forts. On feint d'avoir omis quelque chose d'essentiel, ou d'avoir laissé échapper inconsidérément quelque trait hasardé, quoiqu'en effet on ait exactement mesuré et ses pensées et ses expressions, et que cette erreur prétendue ne soit qu'un artifice inventé pour répandre de la variété, et pour piquer et réveiller l'attention des auditeurs (1).

Fléchier, dans l'*Oraison funèbre de Turenne*, fait usage de cette figure.

« La gloire des actions du grand Turenne effa-
» ce celle de sa naissance; et la moindre louange
» qu'on pût lui donner, c'est d'être sorti de l'an-
» cienne et illustre maison de la Tour d'Auver-
» gne, qui a donné des maîtres à l'Aquitaine,
» des princes à toutes les Cours de l'Europe, et

(1) Amar.

» des reines même à la France. Mais que dis-je?
» Il ne faut pas l'en louer ici. Quelque glorieuse
» que fût la source dont il sortait, l'hérésie des
» derniers temps l'avait infectée : il recevait avec
» ce beau sang, des principes d'erreur et de
» mensonge; et parmi ses exemples domestiques,
» il trouvait celui d'ignorer et de combattre la
» vérité. »

---

7. — *De la Concession.*

En quoi consiste la concession ?

La concession consiste à accorder à un adversaire ce qu'on pourrait lui refuser, ou pour s'en
prévaloir ensuite contre lui-même, ou pour en obtenir avec plus de facilité l'aveu dont on a besoin.

Antoine se sert heureusement de cette figure
pour faire aux Romains l'apologie de César :

Contre ses meurtriers je n'ai rien à vous dire,
C'est à servir l'État que leur grand cœur aspire :
De votre dictateur ils ont percé le flanc,
Comblés de ses bienfaits, ils sont teints de son sang.
Pour forcer des Romains à ce coup détestable,
Sans doute il fallait bien que César fût coupable :
Je le crois. Mais enfin, César a-t-il jamais
De son pouvoir sur vous appesanti le faix?
A-t-il gardé pour lui le fruit de ses conquêtes?
Des dépouilles du monde il couronnait vos têtes :
Tout l'or des nations qui tombaient sous ses coups,

Tout le prix de son sang fut prodigué pour vous :
De son char de triomphe il voyait vos alarmes;
Lui-même en descendait pour essuyer vos larmes;
Du monde qu'il soumit vous triomphez en paix;
Puissans par son courage, heureux par ses bienfaits.
Il payait le service, Il pardonnait l'outrage;
Vous le savez, grands Dieux! vous dont il fut l'image.
Vous, Dieux, qui lui laissiez le monde à gouverner.
Vous savez si son cœur aimait à pardonner.

--

8. — *De la Prétérition.*

Qu'est-ce que la prétérition? Citez-en un exemple.

La prétérition semble taire des circonstances, des faits sur lesquels néanmoins elle insiste avec force. Fléchier se sert de cette figure dans l'oraison funèbre de Turenne :

« N'attendez pas, Messieurs, que j'ouvre ici
» une scène tragique, que je représente ce grand
» homme étendu sur ses propres trophées, que
» je découvre ce corps pâle et sanglant auprès
» duquel fume encore la foudre qui l'a frappé,
» que je fasse crier son sang comme celui d'Abel,
» et que j'expose à vos yeux les tristes images
» de la religion et de la patrie éplorées. »

--

SECTION II.

Des figures de pensées qui flattent l'esprit.

Quelles sont les figures de pensées qui flattent l'esprit?

Les figures qui flattent l'esprit sont : l'*anti-thèse*, l'*allusion* et la *périphrase*.

—

1. — *De l'Antithèse.*

1. Qu'est-ce que l'antithèse? — 2. D'où doit-elle naitre?

1. L'antithèse oppose dans le discours des pensées les unes aux autres, afin que leur contraste serve à les caractériser avec plus de force et d'énergie.

Les antithèses bien ménagées, dit Bouhours, plaisent infiniment dans les ouvrages d'esprit; elles y font à peu près le même effet qui dans la peinture, les ombres et les jours, qu'un bon peintre a l'art de dispenser à propos, ou dans la musique les voix hautes et les voix basses, qu'un maître habile sait mêler ensemble.

Le passage suivant de Pascal nous offre un bel exemple de cette figure :

« Quelle chimère est-ce donc que l'homme,
» quelle nouveauté, quel chaos, quel sujet de
» contradiction? Juge de toutes choses, imbécile
» ver de terre; dépositaire du vrai, amas d'incer-
» titude; gloire et rebut de l'univers. S'il se van-
» te, je l'abaisse; s'il s'abaisse, je le vante et

» le contredis toujours, jusqu'à ce qu'il com-
» prenne qu'il est un monstre incompréhensi-
« ble. »

La même pensée fournit à Racine le fils, dans
les vers suivants, une antithèse aussi heureuse :

Ver impur de la terre, et roi de l'univers,
Riche et vide de biens, libre et chargé de fers,
Je ne suis que mensonge, erreur, incertitude,
Et de la vérité je fais ma seule étude.
Tantôt le monde entier m'annonce à haute voix
Le maître que je cherche et déjà je le vois,
Tantôt le monde entier dans un profond silence
A mes regards errants n'est plus qu'un vide immense.

. . . .

Qu d'orgueil! c'est ainsi qu'à moi-même contraire,
Monstre de cruauté, prodige de misère,
Je ne suis à la fois que néant et grandeur.

La Religion, ch. ii.

2. Pour être bonne, l'antithèse doit naître du
contraste des idées et non de l'opposition factice
des mots. Ceux qui font des antithèses en for-
çant les mots, a dit très-ingénieusement Pascal,
sont comme ceux qui font de fausses fenêtres
pour la symétrie. Cette figure est une des plus
brillantes de la rhétorique, elle donne beaucoup
de lumière à la pensée et flatte infiniment l'esprit.
Mais c'est une raison pour ne pas en abuser.
Quand on la prodigue, elle éblouit au lieu d'é-

clairer, et elle dégénère nécessairement en affectation. Il faut surtout éviter de s'en servir dans les morceaux où l'on a quelque malheur à déplorer. (1)

—

2. — De l'Allusion.

En quoi consiste l'allusion? Citez-en un exemple.

L'allusion, dit Marmontel, consiste à dire une chose qui a rapport à une autre, sans faire une mention expresse de celle ci, quoiqu'on ait en vue d'en réveiller l'idée. Elle peut avoir trait à des faits historiques ou fabuleux, à des coutumes, à des mœurs, quelquefois même à un mot ou à une maxime célèbre : et l'effet de cette figure est de fixer l'attention sur les idées accessoires qui tiennent à l'idée de comparaison. Cette figure nous plaît, dit M. Gérusez, parce qu'elle nous associe à la finesse de l'écrivain par notre pénétration, et qu'elle satisfait l'amour propre en même temps que l'esprit.

Racine, dans son discours à l'Académie française, s'est heureusement servi de cette figure :

« Enfin, comme il l'avait prévu (Louis
» XIV), il voit ses ennemis, après bien des
» conférences, bien des projets, bien des plaintes

(1) Andrieux.

» inutiles, contraints d'accepter ces mêmes con-
» ditions qu'il leur a offertes, sans avoir pu y
» rien retrancher, y rien ajouter, ou pour mieux
» dire, sans avoir pu, avec tous leurs efforts, s'é-
» carter d'un seul pas du cercle étroit qu'il lui
» avait plu de leur tracer. »

Il est facile de voir que Racine fait allusion au cercle de Popillius (1).

———

3. — De la Périphrase.

1. Qu'est-ce que la périphrase? — 2. Dans quels cas s'emploie-t-elle?

1. La périphrase, au lieu du mot propre, en emploie un plus ou moins grand nombre d'autres qui traduisent la même pensée, mais d'une manière plus agréable, plus noble, plus sensible, plus frappante.

2. On se sert de la périphrase dans deux cas :

1° Pour éviter les termes naturellement bas. Delille, craignant que le mot *porc* n'altérât la délicatesse de sa poésie a eu recours à cette figure.

(1) Popillius, chargé par le sénat de prescrire à Antiochus des conditions de paix, et voyant que ce prince balançait, traça autour de lui un cercle avec une baguette qu'il tenait à la main et le somma de se décider avant de sortir de ce cercle. Le Roi de Syrie, étonné de cette hauteur, acquiesça sur le champ aux volontés du sénat.

Et d'une horrible toux les accès violents
Etouffent *l'animal qui se nourrit de glands.*

Boileau, au lieu de dire simplement *j'ai cin-quante-huit ans*, s'exprime ainsi :

Mais aujourd'hui qu'enfin la vieillesse venue
Sous mes faux cheveux blonds, déjà toute chenue,
A jeté sur ma tête avec ses doigts pesants
Onze lustres complets surchargés de trois ans.

2° Pour orner et embellir l'élocution. Voltaire peint ainsi le commencement du jour :

L'aurore cependant, au visage vermeil,
Ouvrait dans l'orient le palais du soleil;
La nuit en d'autres lieux portait ses voiles sombres,
Les songes voltigeants fuyaient avec les ombres.

Henr., ch. VI.

SECTION III.

Des Figures de pensées qui se rapportent à l'imagination.

Quelles sont les figures de pensées qui se rapporten à l'imagination?

Ce sont : la *prosopopée*, l'*hypotypose*, la *comparaison* et la *gradation.*

---

1. — *De la Prosopopée.*

Qu'est-ce que la prosopopée? — Citez-en des exemples.

La prosopopée fait parler les absents, donne du sentiment, du mouvement, de la vie, des paroles aux êtres inanimés, imaginaires, aux morts même qu'elle évoque de leurs tombeaux. C'est de toutes les figures la plus noble, la plus véhémente, la plus hardie; celle qui fournit à l'orateur les mouvements les plus chaleureux et les plus énergiques. Elle ne doit être employée qu'avec la plus grande réserve, et seulement dans les grandes occasions.

J.-J. Rousseau nous en fournit un magnifique exemple dans son *Discours sur les lettres* :

« O Fabricius ! qu'eût pensé votre grande
» âme, si, pour votre malheur, vous eussiez vu
» la face pompeuse de cette Rome sauvée par
» votre bras, et que votre nom respectable avait
» plus illustrée que toutes ses conquêtes ? Dieu !
» eussiez-vous dit, que sont devenus ces toits
» de chaume et ces foyers rustiques qu'habitaient
» jadis la modération et la vertu ? Quelle splen-
» deur funeste a succédé à la simplicité romaine ?
» Quel est ce langage étranger ? Quelles sont
» ces mœurs efféminées ? Que signifient ces sta-
» tues, ces tableaux, ces édifices ? Insensés !
» qu'avez-vous fait ? Vous, les maîtres des nations,
» vous vous êtes rendus les esclaves des hommes

» frivoles que vous avez vaincus! Ce sont des
» rhéteurs qui vous gouvernent! C'est pour en-
» richir des architectes, des peintres, des statu-
» aires et des histrions, que vous avez arrosé de
» votre sang la Grèce et l'Asie! Les dépouilles
» de Carthage sont la proie d'un joueur de flûte!
» Romains, hâtez-vous de renverser ces amphi-
» téâtres, brisez ces marbres, brûlez ces tableaux,
» chassez ces esclaves qui vous subjuguent, et
» dont les funestes arts vous corrompent. Que
» d'autres mains s'illustrent par de vains talents :
» le seul talent digne de Rome est de conquérir
» le monde et d'y faire régner la vertu. »

Cette figure a été aussi heureusement employée par M. de Lamartine dans les vers suivants
où il répond aux novateurs du siècle passé; le poète dit :

> Eh bien! le temps sur vos poussières
> A peine encore a fait un pas;
> Sortez, ô manes de nos pères,
> Sortez, de la nuit du trépas!
> Venez contempler votre ouvrage!
> Venez partager de cet âge
> La gloire et la félicité!
> O race en promesses féconde,
> Paraissez, bienfaiteurs du monde!
> Voilà votre postérité!

Que vois-je? ils détournent la vue,
Et se cachant sous leurs lambeaux
Leur foule de honte éperdue
Fuit et rentre dans les tombeaux.
Non, non, restez, ombres coupables;
Auteurs de nos jours déplorables
Restez! ce supplice est trop doux;
Le Ciel trop lent à vous poursuivre
Devait vous condamner à vivre
Dans le siècle enfanté par vous!

—

2. — *De l'Hypotypose.*

Qu'est-ce que l'hypotypose? Citez-en des exemples.

L'hypotypose décrit les objets d'une manière si vive, si animée que le lecteur ou l'auditeur croit les avoir sous ses yeux.

Dans *Athalie*, Josabet, racontant au grand prêtre comment elle avait sauvé Joas du carnage, nous offre un bel exemple de cette figure :

Hélas! l'état horrible où le Ciel me l'offrit
Revient à tout moment effrayer mon esprit.
De princes égorgés la chambre était remplie.
Un poignard à la main, l'implacable Athalie
Au carnage animait ses barbares soldats,
Et poursuivait le cours de ses assassinats.
Joas, laissé pour mort, frappa soudain ma vue :
Je me figure encore sa nourrice éperdue,
Qui devant ses bourreaux s'était jetée en vain,

Et faible, le tenait renversé sur son sein.
Je le pris tout sanglant, et baignant son visage,.
Mes pleurs du sentiment lui rendirent l'usage;
Et soit frayeur encore, ou pour me caresser,
De ses bras innocents je me sentis presser.

(RACINE.)

Fénélon, dit M. Gérusez, excelle dans l'hypotypose. Les tableaux qu'il trace à l'aide de quelques traits, sont frappants de vérité, et font une
profonde impression sur l'imagination. Il y a dans
sa manière autant de sobriété que de grandeur. Ci-
tons pour exemple la mort de Bocchoris, racontée
par Télemaque :

« Je le vis périr; le dard d'une Phénicienne
» perça sa poitrine; les rênes lui échappèrent des
» mains; il tomba de son char sous les pieds des
» chevaux. Un soldat de l'île de Chypre lui coupa
» la tête, et la prenant par les cheveux, il la mon-
» tra comme en triomphe à toute l'armée victo-
» rieuse. Je me souviendrai toute ma vie d'avoir
» vu cette tête qui nageait dans le sang, ces yeux
» fermés et éteints, ce visage pâle et défiguré,
» cette bouche entr'ouverte qui semblait vouloir
» encore achever des paroles commencées, cet
» air superbe et menaçant que la mort même n'a-
» vait pu effacer. »

3. — *De la Comparaison.*

1. En quoi consiste la comparaison? — 2. Quelles sont les qualités de la comparaison?— 3. Quand prend-elle le nom de parallèle?

1. La comparaison consiste à rapprocher deux êtres ou deux objets pour en apprécier la ressemblance. Elle rend le discours plus clair, l'embellit, et lui donne souvent plus de force et de grandeur.

M. de Lamartine achève ainsi le portrait de Napoléon; parlant au héros, il dit :

Tu grandis sans plaisir, tu tombas sans murmure,
Rien d'humain ne battait sous ton épaisse armure ;
Sans haine et sans amour tu vivais pour penser;
Comme l'aigle régnant dans un ciel solitaire,
Tu n'avais qu'un regard pour mesurer la terre,
Et des serres pour l'embrasser.

On admire avec raison la comparaison dont se sert Fénélon pour peindre Télémaque dans un état d'abattement voisin de la mort :

» A le voir pâle, abattu et défiguré, on au-
» rait cru que ce n'était point Télémaque. Sa
» beauté, son enjouement, sa noble fierté, s'en-
» fuyaient loin de lui. Il périssait tel qu'une fleur
» qui, étant épanouie le matin, répand ses doux
» parfums dans la campagne et se flétrit peu à
» peu vers le soir : ses vives couleurs s'effacent;
» elle se dessèche et sa belle tête se penche, ne

» pouvant plus se soutenir. Ainsi le fils d'Ulysse
» était aux portes de la mort. »

Et celle qu'emploie Bossuet dans son panégyrique de Saint-Paul :

« De même qu'on voit un grand fleuve qui
» retient encore, coulant dans la plaine, cette
» force violente et impétueuse qu'il avait acquise
» aux montagnes d'où il tire son origine, ainsi
» cette vertu qui est contenue dans les Écritures
» de Saint-Paul, même dans cette simplicité de
» style, conserve toute la vigueur qu'elle apporte
» du ciel dont elle descend. »

2. Les comparaisons doivent être justes, nobles, neuves et surtout parfaitement appropriées
aux différents sujets que l'on traite.

3. La comparaison prend le nom de parallèle,
lorsqu'elle oppose l'un à l'autre deux personnages
célèbres. Tel est, dans la *Henriade*, ce rappro-
chement entre Richelieu et Mazarin.

Henri, dans ce moment, voit sur les fleurs de lis
Deux mortels orgueilleux auprès du trône assis;
Ils tiennent sous leurs pieds tout un peuple à la chaîne;
Tous deux sont revêtus de la pourpre romaine,
Tous deux sont entourés de gardes, de soldats.
Il les prend pour des rois. Vous ne vous trompez pas;
Ils le sont, dit Louis; sans en avoir le titre :
Du prince et de l'État l'un et l'autre est l'arbitre.

Richelieu, Mazarin, ministres immortels,
Jusqu'au trône élevés de l'ombre des autels,
Enfants de la fortune et de la politique,
Marcheront à grands pas au pouvoir despotique.
Richelieu, grand, sublime, implacable ennemi;
Mazarin, souple, adroit, et dangereux ami :
L'un fuyant avec art, et cédant à l'orage ;
L'autre aux flots irrités opposant son courage;
Des princes de mon sang ennemis déclarés :
Tous deux haïs du peuple et tous deux admirés ;
Enfin, par leurs efforts, ou par leur industrie,
Utiles à leurs rois, cruels à la patrie.

—

4. — *De la Gradation.*

Qu'est-ce que la gradation? — Citez-en des exemples.

La gradation suit une progression croissante ou décroissante dans les pensées, dans les images, ou dans les mots qui les expriment. Par elle, l'esprit ou le cœur arrive insensiblement au dernier degré de l'idée et du sentiment, ou à leur plus haut point d'élévation. On a recours à cette figure pour présenter une proposition hardie qui, produite sans ménagements, choquerait le lecteur ou l'auditeur.

Fléchier, dans l'oraison funèbre de Turenne, nous offre un bel exemple de gradation ascendante :

« Seigneur, qui éclairez les plus sombres re-

» plis de nos consciences, et qui voyez dans nos
» plus secrètes intentions ce qui n'est pas enco-
» re comme ce qui est, recevez dans le sein de
» votre gloire, cette âme, qui bientôt n'eût été
» occupée que des pensées de votre éternité :
» recevez ces désirs que vous lui aviez vous-mê-
» me inspirés. Le temps lui a manqué, et non
» pas le courage de les accomplir. Si vous deman-
» dez des œuvres avec ces désirs, voilà des chari-
» tés qu'il a faites ou destinées pour le soulage-
» ment et le salut de ses frères; voilà des âmes
» égarées qu'il a ramenées à vous par ses assis-
» tances, par ses conseils, par son exemple; voi-
» là le sang de votre peuple qu'il a tant de fois
» épargné; voilà le sang qu'il a si généreusement
» répandu pour nous; et pour dire encore plus,
» voilà le sang que Jésus-Christ a versé pour
» lui. »

Cornélie, après la mort de son époux, parle
ainsi à César :

César, car le destin, que dans tes fers je brave,
Me fit prisonnière et non pas ton esclave;
Et tu ne prétends point qu'il m'abatte le cœur,
Jusqu'à te rendre hommage et t'appeler seigneur;
De quelque rude coup qu'il m'ose avoir frappée,
Souviens-toi que je suis *veuve du grand Pompée,*
Fille de Scipion, et, pour dire encor plus,
Romaine... mon courage est encor au-dessus.

Voici un exemple de progression descendante, tiré d'un sermon de Massillon sur l'impénitence finale :

« Si vous différez votre conversion à la mort
» .... alors vous ne serez plus en état de cher-
» cher Jésus-Christ; parce que, ou le temps
» vous manquera; ou le temps vous étant accor-
» dé, l'accablement de vos maux ne vous le per-
» mettra pas; ou enfin vos maux vous le per-
» mettant, vos anciennes passions y mettront des
» obstacles que vous ne serez plus en état alors
» de surmonter. »

SECTION IV.

Des figures de pensées qui excitent les passions.

Quelles sont les figures de pensées qui excitent les passions?

Les principales figures de pensées qui excitent les passions sont : l'*interrogation*, la *subjec-tion*, l'*apostrophe*, l'*exclamation*, l'*optation*, l'*épiphonème*, l'*imprécation*, l'*obsécration*, la *communication*, l'*ironie*, la *litote* et l'*hy-perbole*.

1. — De l'Interrogation.

Qu'est-ce que l'interrogation? — Citez-en des ex-emples.

L'interrogation consiste à adresser une ou plusieurs questions. La forme interrogative n'indique alors ni une incertitude réelle, ni le désir
d'une réponse, mais elle presse, persuade et met
souvent l'adversaire dans l'impossibilité de contes-
ter la vérité de ce que l'on avance. Aucune figure, dit l'abbé de Besplas, n'exprime avec plus de
vivacité les sentiments impétueux de la surprise,
de l'indignation, de la colère, en un mot, de toutes les passions; elle force dans le moment l'auditeur à se répondre à lui-même, à se rendre
compte de ses sentiments les plus secrets : mais
plus vous l'embarrassez, plus vous devez ménager les traits que vous lancez contre lui. Trop à
la gêne au moyen de votre argumentation serrée,
il finit par vous échapper, si vous lui tenez trop
longtemps le fer dans la plaie.

C'est de cette figure que se sert Massillon
dans le passage suivant pour donner plus de force
et de clarté à son instruction :

« Si l'homme ne doit rien attendre après cet-
» te vie, et que ce soit ici notre patrie, notre
» origine, et la seule félicité que nous pouvons
» nous promettre, pourquoi n'y sommes-nous
» pas heureux? si nous ne naissons que pour les
» plaisirs des sens; pourquoi ne peuvent-ils nous

» satisfaire et laissent-ils toujours un fonds d'en-
» nui et de tristesse dans notre cœur? si l'hom-
» me n'a rien au-dessus de la bête; que ne cou-
» le-t-il ses jours comme elle, sans souci, sans
» inquiétude, sans dégoût, sans tristesse, dans la
« félicité des sens et de la chair? si l'homme n'a
» point d'autre bonheur à espérer qu'un bonheur
» temporel; pourquoi ne le trouve-t-il nulle
» part? d'où vient que les richesses l'inquiètent,
» que les honneurs le fatiguent, que les plaisirs
» le lassent, que les sciences le confondent et
» irritent sa curiosité loin de la satisfaire, que la
» réputation le gêne et l'embarrasse, que tout
» cela ensemble ne peut remplir l'immensité de
» son cœur, et lui laisse encore quelque chose à
« désirer?.......D'où vient cela, ô homme? Ne
» serait-ce point parce que vous êtes ici-bas dé-
» placé, que vous êtes fait pour le ciel, que vo-
» tre cœur est plus grand que le monde, que la
» terre n'est pas votre patrie, et que tout ce qui
» n'est pas Dieu n'est rien pour vous? »

—

Le vieil Horace, prenant la parole pour défen-
dre son fils, ne procède que par interrogation :

Lauriers, sacrés rameaux, qu'on veut reduire en poudre,
Vous qui mettez sa tête à couvert de la foudre,
L'abandonnerez-vous à l'infâme couteau

Qui fait choir les méchants sous la main d'un bourreau ?
Romains, souffrirez-vous qu'on vous immole un homme
Sans qui Rome aujourd'hui cesserait d'être Rome,
Et qu'un Romain s'efforce à tâcher le renom
D'un guerrier à qui tous doivent un si beau nom ?
Dis, Valère, dis-nous, si tu veux qu'il périsse,
Où tu penses choisir un lieu pour son supplice ?
Sera-ce entre ces murs que mille et mille voix
Font résonner encor du bruit de ses exploits ?
Sera-ce hors des murs, au milieu de ces places
Qu'on voit fumer encor du sang des Curiaces ?
Entre leurs trois tombeaux, et dans ce champ d'honneur
Témoin de sa vaillance et de notre bonheur ?

—

2. — De la Subjection

En quoi consiste la subjection ? — Citez-en un exemple.

La subjection consiste à répondre aux questions que l'on s'adresse soi-même. Nous en trouvons un exemple dans le passage suivant de Massillon :

« Quel usage plus doux et plus flatteur pourri-
» ez-vous faire de votre élévation et de votre opu-
» lence ? Vous attirer des hommages ? mais l'or-
» gueil s'en lasse : commander aux hommes et
» leur donner des lois ? mais ce sont là les soins
» de l'autorité, ce n'est pas le plaisir : voir au-
» tour de vous multiplier à l'infini vos serviteurs
» et vos esclaves ? mais ce sont des témoins qui

» vous embarrassent et qui vous gênent, plu-
» tôt qu'une pompe qui vous décore. »

—

3. — De l'Apostrophe.

En quoi consiste l'apostrophe? — Citez-en un exemple.

L'apostrophe consiste à interrompre brusque-
ment le discours pour adresser directement la parole à des êtres, présents ou absents, animés ou
inanimés, voire même à des morts. Cette figure
fait la beauté du passage suivant où Philoctète dit
à Télémaque :

« En m'éveillant, je reconnus l'embarras de
» Néoptolème : il soupirait comme un homme
» qui ne sait pas dissimuler et qui agit contre son
» cœur. — Me veux-tu donc surprendre? lui
» dis-je, qu'y a-t-il donc? — Il faut, me répon-
» dit-il, que vous me suiviez au siége de Troie.
» Je repris aussitôt : Ah! qu'as-tu dit, mon fils?
» Rends-moi cet arc; je suis trahi! Ne m'arrache
» pas la vie. Hélas! il ne répond rien; il me re-
» garde tranquillement, rien ne le touche. O ri-
» vages! ô promontoires de cette île! ô bêtes
» farouches! ô rochers escarpés! c'est à vous que
» je me plains, car je n'ai que vous à qui je puis-
» se me plaindre; vous êtes accoutumés à mes
» gémissements. Faut-il que je sois trahi par le

» fils d'Achille? Il m'enlève l'arc sacré d'Hercule,
» il veut me traîner dans le camp des Grecs, pour
» triompher de moi; il ne voit pas que c'est triom-
« pher d'un mort, d'une ombre, d'une image
» vaine. Oh! s'il m'eût attaqué dans ma force!
» Mais encore à présent ce n'est que par sur-
» prise; que ferai-je? Rends-moi mes flèches,
» mon fils, sois semblable à ton père, semblable
» à toi-même. Que dis-tu? Tu ne dis rien! O
» rocher sauvage, je viens à toi, nu, misérable,
» abandonné, sans nourriture; je mourrai seul
» dans cet antre : n'ayant plus mon arc pour
» tuer les bêtes, les bêtes me dévoreront, n'im-
» porte. »

L'apostrophe, surtout quand elle s'adresse aux
êtres insensibles et inanimés, est un tour spécialement propre à la plus sublime éloquence, parce
que, pour oublier en quelque sorte l'auditeur, il
faut que l'orateur soit comme emporté hors de
lui-même par la violence de quelque passion ;
et qu'il ne doit jamais parler que le langage de la
raison, à moins que la raison elle-même ne soit
fondée à se passionner. De là vient que l'éloquence des magistrats qui font la fonction de partie pu-
blique est sans passions et dénuée de tout mouvement; leur devoir est d'apprécier le pour et le
contre au poids du sanctuaire, et de ne mettre de

la force que dans leur raisonnement. Le champ du prédicateur est plus vaste; il traite des plus grands intérêts, des intérêts de l'éternité : encore doit-il être bien circonspect dans l'usage des grandes figures. L'apostrophe, par exemple, doit être préparée par des émotions plus douces; et ce n'est que quand l'auditeur a pu s'apercevoir qu'il cédait à une pente, qu'on peut accélérer son mouvement et l'entraîner avec violence. Au reste, l'usage de cette figure et de toutes celles du même genre doit être peu fréquent : de grandes secousses trop répétées fatigueraient enfin; et quant à l'apostrophe, l'auditeur n'aimerait pas qu'on le perdît trop souvent de vue, et qu'on parût ou l'oublier ou le dédaigner (1).

—

4. — *De l'Exclamation.*

Qu'est-ce que l'exclamation? — Citez-en un exemple.

L'exclamation est l'expression soudaine, imprévue des sentiments qui débordent notre âme; c'est le langage naturel de l'admiration, de la joie, de la reconnaissance, de la crainte, de la douleur, de l'indignation, de la colère, etc. Mais pour être puissante, c'est du fond du cœur que

(1) Bauzée.

doit venir cette figure; car, si elle ne partait que
du bout des lèvres, elle nous laisserait indifférents
et froids. Dans l'oraison funèbre du prince de
Contj, Massillon s'exprime ainsi :

« Écoutez, Grands, et instruisez-vous : tout
» ce que le monde a le plus admiré, les victoires,
» les talents, le nom, la sagesse, les lumières,
» qu'on le trouve vain et frivole au lit de la
» mort! que la vie la plus glorieuse devant les
» hommes, la plus remplie de grands évènements
» paraît alors vide sans Dieu, et digne d'un éter-
» nel oubli! qu'on méprise les lumières et les
» connaissances qui n'ont pas donné la science
» des saints! Dieu paraît tout alors, et l'homme
» sans Dieu ne paraît plus rien. »

5. — De l'Optation.

Qu'est-ce que l'optation? — Citez-en des exemples.

L'optation est l'expression d'un désir sincère
et ardent. Tel est ce verset du psaume LIV :

« Qui me donnera des ailes comme à la co-
lombe, afin que je puisse m'envoler et me repo-
ser? »

Abner, après avoir rappelé avec douleur les
attentats dont Athalie s'est rendue coupable, s'é-
crie :

Ah! si dans sa fureur elle s'était trompée!
Si du sang de nos rois quelque goutte échappée....
O jour heureux pour moi!
De quelle ardeur j'irais reconnaître mon roi!

(RACINE, *Athalie*, acte 1.)

—

6. — *De l'Épiphonème.*

Qu'est-ce que l'épiphonème? — Citez-en un exemple.

L'épiphonème est le résumé naturel et sentencieux d'une pensée déjà développée. En voici un exemple :

« On éloigne les derniers sacremens comme
» si c'étaient des mystères de mauvais augure; on
» rejette les vœux et les prières que l'Église a
» institués pour les mourans, comme si c'étaient
» des vœux meurtriers et des prières homicides.
» La croix de Jésus-Christ, qui doit être un
» sujet de confiance, devient à ces esprits lâches
» un objet de terreur; et, pour toute disposition
» à la mort, ils n'ont que l'appréhension ou la
» peine de mourir. Quels funestes égards! quels
» ménagemens criminels n'a-t-on pas pour eux :
» bien loin de leur faire voir leur perte infaillible,
» à peine les avertit-on de leur danger; et lors
» même qu'ils sont mourans, on n'ose presque
» leur dire qu'ils sont mortels. Cruelle pitié qui

» les perd, de peur de les effrayer ! Crainte fu-
» neste, qui les rend insensibles à leur salut ! »

—

7. — *De l'Imprécation.*

Qu'est-ce que l'imprécation? — Citez-en un exemple.

L'imprécation appelle spontanément la malé-
diction et la vengeance sur notre propre tête ou
sur l'objet de notre haine. Elle sollicite pour la
servir toute sorte de puissance divine ou humaine,
l'homme, le ciel, les enfers, etc.

Dans sa tragédie des *Horaces*, Corneille fait
parler ainsi Camille contre son frère, qui lui fait
un crime de pleurer l'un des Curiaces, son amant,
qu'il a lui-même tué :

Tigre altéré de sang, qui me défends les larmes,
Qui veux que dans sa mort je trouve encor des char-
Et que, jusques au ciel élevant tes exploits,   [mes,]
Moi-même je le tue une seconde fois;
Puissent tant de malheurs accompagner ta vie,
Que tu tombes au point de me porter envie!

. . . .

Rome, l'unique objet de mon ressentiment!
Rome, à qui vient ton bras d'immoler mon amant!
Rome, qui t'a vu naître et que ton cœur adore!
Rome, enfin, que je hais parce qu'elle t'honore!
Puissent tous ses voisins ensemble conjurés,
Saper ses fondements encor mal assurés!
Et si ce n'est assez de toute l'Italie

Que l'Orient contre elle à l'Occident s'allie!
Que cent peuples unis des bouts de l'univers
Passent, pour la détruire, et les monts et les mers!
Qu'elle-même sur soi renverse ses murailles
Et de ses propres mains déchire ses entrailles!
Que le courroux du ciel, allumé par mes vœux,
Fasse pleuvoir sur elle un déluge de feux!
Puissé-je de mes yeux y voir tomber la foudre,
Voir ses maisons en cendre et tes lauriers en poudre,
Voir le dernier Romain à son dernier soupir,
Moi seule en être cause et mourir de plaisir!

———

8. — *De l'Obsécration.*

Qu'est-ce que l'obsécration? — Citez-en un exemple

L'obsécration prie avec instance pour obtenir
une faveur, et emploie pour cela les moyens les
plus propres à persuader et à émouvoir. Telle est
dans Télémaque la prière que Philoctète adresse
à Néoptolème :

« O mon fils! je te conjure par les mânes de
» ton père, par ta mère, par tout ce que tu as de
» plus cher sur la terre, de ne pas me laisser seul
» dans les maux que tu vois. Je n'ignore pas
» combien je te serai à charge; mais il y aurait
» de la honte à m'abandonner. Jette-moi à la
» proue, à la poupe, dans la sentine même, par-
» tout où je t'incommoderai le moins. Il n'y a que
» les grands cœurs qui sachent combien il y a de

» gloire à être bon : ne me laisse point en un dé-
» sert où il n'y a aucun vestige d'homme; mène-
» moi dans ta patrie ou dans l'Eubée qui n'est
» pas loin du Mont-Æta, de Trachine, et des
» bords agréables du fleuve : rends-moi à mon
» père. Hélas! je crains qu'il ne soit mort! Je lui
» avais mandé de m'envoyer un vaisseau; ou il
» est mort, ou bien ceux qui m'avaient promis de
» lui dire ma misère ne l'ont point fait. J'ai re-
» cours à toi, ô mon fils! Souviens-toi de la fra-
» gilité des choses humaines. Celui qui est dans
» la prospérité doit craindre d'en abuser, et se-
» courir les malheureux. »

—

§. — *De la Communication.*

Qu'est-ce que la communication ? — Citez-en des exemples.

La communication est une figure par laquelle, forts de l'excellence de notre cause, nous nous soumettons à la décision de l'auditeur, de l'adversaire lui-même que nous acceptons pour juge. C'est au moyen de cette figure que Cassius triomphe de l'incertitude de Brutus qui hésitait encore entre Rome et César :

CASSIUS.

Si tu n'étais qu'un citoyen vulgaire,

Je te dirais : *va, sers, sois tyran sous ton père,*
Écrase cet état, que tu dois soutenir;
Rome aura désormais deux traîtres à punir.
Mais je parle à Brutus, à ce puissant génie,
A ce héros armé contre la tyrannie,
Dont le cœur inflexible, au bien déterminé,
Épura tout le sang que César t'a donné.
Écoute : tu connais avec quelle furie
Jadis Catilina menaça sa patrie?

BRUTUS.

Oui.

CASSIUS.

   Si le même jour que ce grand criminel
Dut à la liberté porter le coup mortel,
Si lorsque le sénat eut condamné ce traître,
Catilina pour fils t'eût voulu reconnaître;
Entre ce monstre et nous forcé de décider,
Parle, qu'aurais-tu fait?

BRUTUS.

           Peux-tu le demander?
Penses-tu qu'un moment ma vertu démentie
Eût mis dans la balance un homme et la patrie?

CASSIUS.

Brutus, par ce seul mot ton devoir est dicté.

La communication se trouve aussi heureusement employée dans le passage suivant du sermon de Massillon sur le petit nombre des élus :

    « Je suppose que c'est ici votre dernière heure
» et la fin de l'univers; que les cieux vont s'ouvrir

» sur vos têtes, Jésus-Christ paraître dans sa
» gloire au milieu de ce temple..... je vous de-
» mande donc : si Jésus-Christ paraissait dans ce
» temple, au milieu de cette assemblée..... pour
» nous juger, pour faire le terrible discernement
» des boucs et des brebis; croyez-vous que le plus
» grand nombre de tout ce que nous sommes ici
» fût placé à la droite? Croyez-vous que les
» choses du moins fussent égales? Croyez-vous
» qu'il s'y trouvât seulement dix justes, que le
» Seigneur ne put trouver autrefois en cinq vil-
» les tout entières? Je vous le demande; vous
» l'ignorez, et je l'ignore moi-même : vous seul,
» ô mon Dieu, connaissez ceux qui vous appar-
» tiennent. Mais si nous ne connaissons pas ceux
» qui lui appartiennent, nous savons du moins
» que les pécheurs ne lui appartiennent pas. Or,
» qui sont les fidèles ici assemblés?.... Beaucoup
» de pécheurs qui ne veulent pas se convertir;
» encore plus qui le voudraient, mais qui diffèrent
» leur conversion; plusieurs autres qui ne se con-
» vertissent jamais que pour retomber; enfin un
» grand nombre qui croient n'avoir pas besoin de
» conversion : voilà le parti des réprouvés. Re-
» tranchez ces quatre sortes de pécheurs de cette
» assemblée sainte, car ils en seront retranchés
» au grand jour : paraissez maintenant, justes;

» où êtes-vous? Restes d'Israël, passez à la
» droite; froment de Jésus-Christ, démêlez-vous
» de cette paille destinée au feu : ô Dieu! où
» sont vos élus? et que reste-t-il pour votre
» partage? »

—

10. — *De l'Ironie.*

Qu'est-ce que l'ironie? — Citez-en un exemple.

L'ironie montre un sens directement opposé
à celui qu'expriment les paroles.

Nous en trouvons un exemple dans l'épître de
Rousseau à Racine le fils : avec quelle finesse y
sont raillés les déistes et les prétendus esprits
forts.

> Tous ces objets de la crédulité,
> Dont s'infatue un mystique entêté.
> Pouvaient jadis abuser des Cyrilles,
> Des Augustins, des Léons, des Basiles;
> Mais quant à vous, grands hommes, grands esprits,
> C'est par un noble et généreux mépris
> Qu'il vous convient d'extirper ces chimères,
> Épouvantails d'enfans et de grand'mères.

L'ironie est quelquefois la dernière ressource
de l'indignation et du désespoir, quand l'expression sérieuse leur paraît trop faible; à peu près
comme dans les grandes douleurs qui égarent un
moment la raison, un rire effrayant prend la place

des larmes qui ne peuvent couler. Tel est cet endroit admirable d'Andromaque, lorsque Oreste, après avoir tué Pyrrhus pour plaire à Hermione, apprend qu'elle n'a pu lui survivre, et qu'elle s'est donné la mort :

Grâce aux dieux, mon malheur passe mon espérance!
Oui, je te loue, ô ciel, de ta persévérance!
Appliqué sans relâche au soin de me punir,
Au comble des douleurs tu m'as fait parvenir;
Ta haine a pris plaisir à former ma misère :
J'étais né pour servir d'exemple à ta colère,
Pour être du malheur un modèle accompli.
Hé bien! *je suis content*, et mon sort est rempli.

Ce mot ironique, *je suis content*, dans la situation d'Oreste, est le sublime de la rage (1).

—

11. — *De la Litote.*

Qu'est-ce que la litote? — Citez-en un exemple.

La litote affaiblit à dessein l'expression sans nuire à la pensée que l'auditeur peut aisément compléter. Ainsi, dans Racine, Iphigénie dit à son père, après avoir paru résignée à lui obéir :

Si pourtant ce respect, si cette obéissance
Paraît digne à vos yeux d'une autre récompense,
Si d'une mère en pleurs vous plaignez les ennuis,
J'ose vous dire ici qu'en l'état où je suis,

(1) Grandperret.

Peut-être assez d'honneurs environnaient ma vie,
Pour ne pas souhaiter qu'elle me fût ravie.

Ne pas souhaiter! l'expression est bien faible; et pourtant que ne dit-elle pas au cœur d'un père!

---

12. — De l'Hyperbole.

Qu'est-ce que l'hyperbole? — Citez-en un exemple.

L'hyperbole exagère les objets au-delà même de la vraisemblance pour peindre plus fidèlement la pensée qui devient ainsi plus sensible. Le langage ordinaire en fournit mille exemples. C'est ainsi qu'on dit : *Il marche comme une tortue, il va plus vite que le vent, la pluie est tombée par torrents, répandre un torrent de larmes, etc.*

Dans son ode à Louis XIII, Malherbe, pour peindre le temps heureux qu'il promet au monarque, dit au moyen de l'hyperbole :

La terre en tous endroits produira toutes choses;
Tous métaux seront or, toutes fleurs seront roses,
  Tous arbres oliviers :
L'on n'aura plus d'hiver; le jour n'aura plus d'ombre;
  Et les perles sans nombre
Germeront dans la Seine au milieu des graviers.

Les principales figures dont nous venons de parler se trouvent réunies dans un discours imaginé par Marmontel pour faire juger de leur emploi. Il suppose un homme du peuple en colère contre sa femme et lui prête ce curieux monologue:

« Si je dis oui, elle dit non, nuit et jour elle gronde *(antithèse)*. Jamais, non jamais de repos avec elle *(répétition)*. C'est une furie, un démon *(hyperbole)*. Mais, malheureuse, dis-moi donc *(apostrophe)*, que t'ai-je fait *(interrogation)*? O ciel! quelle fut ma folie en t'épousant *(exclamation)*! Que ne me suis-je plutôt noyé *(optation)!* Je ne te reproche ni ce que tu me coûtes, ni les peines que je me donne pour y suffire *(prétérition)*. Mais je t'en prie, je t'en conjure, laisse-moi travailler en paix *(obsécration)*, ou que je meure si... Tremble de me pousser à bout *(imprécation* et *réticence)*. Elle pleure! Ah! la bonne âme! Vous allez voir que c'est moi qui ai tort *(ironie)*. Eh bien, je suppose que cela soit. Oui, je suis trop vif, trop sensible *(concession)*. J'ai souhaité cent fois que tu fusses affreuse. J'ai maudit, détesté ces yeux perfides, cette mine trompeuse qui m'avait affolé *(astéisme)*. Mais dis-moi si par la douceur il ne vaudrait pas mieux me ramener *(communication)*? Nos enfants, nos amis, nos voisins, tout le monde nous voit faire mauvais ménage *(énumération)*. Ils entendent tes cris, tes plaintes, les injures dont tu m'accables (*accumulation*). Ils t'ont vue, les yeux égarés, le visage en feu, la tête échevelée, me poursuivre, me menacer (*description*). Ils en parlent avec frayeur; la voisine arrive : on le lui raconte : le passant écoute et va le répéter (*hypotypose*). Ils croiront que je suis un méchant, un brutal, que je te laisse manquer de tout, que je te bats, que je t'assomme (*gradation*). Mais non, ils savent bien que je t'aime, que j'ai bon cœur, que je désire de te voir tranquille et contente (*correction*). Va, le monde n'est pas injuste : le tort reste à celui qui l'a (*sentence*). Hélas! ta pauvre mère m'avait tant promis que tu lui ressemblerais. Que dirait-elle? que dit-elle? car elle voit ce qui se passe. Oui, j'espère qu'elle m'écoute et je l'entends qui te reproche de me rendre si malheureux. Ah! mon pauvre gendre, dirait-elle, tu méritais un meilleur sort (*prosopopée*). »

Voilà, ajoute Marmontel, toute la théorie des rhéteurs sur les figures de pensées, mise en pratique sans aucun art. Ni Aristote ni Quintilien ni Cicéron lui-même n'en savaient davantage. L'homme passionné s'en sert aveuglément et par instinct, l'homme éloquent a l'avantage de les manier avec force, avec adresse, et de s'en servir à propos.

TABLE DES MATIÈRES.

—

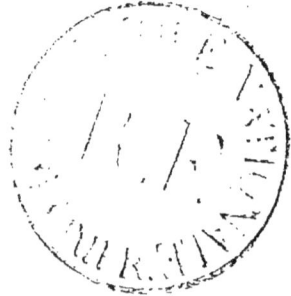